Quenzer / Nepper · Funktionelle Gymnastik

W0209668

Erich Quenzer / Hans-Ulrich Nepper

Funktionelle Gymnastik

Grundlagen • Methoden • Übungen

2., korrigierte und ergänzte Auflage

Limpert

Erich Quenzer
Ulrich Nepper
Sport- und Gymnastikschule Waldenburg
Eichenstr. 11
D-74636 Waldenburg

Die Ratschläge in diesem Buch sind von den Autoren und dem Verlag sorgfältig erwogen und geprüft, dennoch kann keine Garantie übernommen werden. Eine Haftung der Autoren bzw. des Verlages und seiner Beauftragten für Personen-, Sach- und Vermögensschäden ist ausgeschlossen.

Die Deutsche Bibliothek - CIP-Einheitsaufnahme

Quenzer, Erich:
Funktionelle Gymnastik : Grundlagen, Methoden, Übungen /
Erich Quenzer ; Hans-Ulrich Nepper. – 2., korr. u. ergänzte Aufl. –
Wiebelsheim : Limpert, 1999
ISBN 3-7853-1632-1

2., korrigierte und ergänzte Auflage 1999
© 1997, 1999, by Limpert Verlag GmbH, Wiebelsheim

Das Werk ist urheberrechtlich geschützt. Jede Verwertung außerhalb der engen Grenzen des Urheberrechtsgesetzes ist ohne Zustimmung des Verlages unzulässig und strafbar. Dies gilt insbesondere für Vervielfältigungen auf fotomechanischem Wege (Fotokopie/Mikrokopie), Übersetzungen, Mikroverfilmungen und die Einspeicherung und Verarbeitung in elektronischen Systemen.

Umschlaggestaltung: Klaus Neumann
Umschlagfoto: Volker Minkus
Satz: Graphische Werkstätten Lehne, Grevenbroich
Druck und Verarbeitung: AZ Druck und Datentechnik, Kempten
Printed in Germany/Imprimé en Allemagne
ISBN 3-7853-1632-1

Inhalt

Inhalt

Vorwort

Der Begriff Gymnastik erlebte in der Geschichte einen stetigen Bedeutungswandel, der bis zur heutigen Zeit eine kaum noch überschaubare Begriffsvielfalt erzeugte. Neben Bezeichnungen, die einzelnen Sportarten zugeordnet sind, wie Skigymnastik oder Hürdengymnastik, werden Begriffsverbindungen wie Wassergymnastik, Gefäßgymnastik, Ausdrucksgymnastik oder Jazzgymnastik gebraucht, die einen sehr unterschiedlichen Ansatz haben.

Der in Abbildung 1 gezeigte „Gymnastikbaum" systematisiert die Gymnastik durch die Einteilung in zwei wesentliche Bereiche, den tänzerisch-rhythmischen und den funktionellen Bereich. Diese Differenzierung der Gymnastik gab es in der griechischen Antike, auf die der Begriff Gymnastik zurückgeht, noch nicht. Die Griechen verbanden mit Gymnastik sowohl eine ästhetische („männliche Schönheit") als auch eine gesundheitliche Komponente und benutzten Gymnastik als Oberbegriff für alle Formen der Leibesübung. Erst gegen Ende des 18. Jahrhunderts entwickelte P. H. Ling in Schweden ein System der Körperübungen, das von anatomisch-physiologischen Grundlagen ausging und gezielte Funktionsverbesserungen einzelner Organsysteme in den Mittelpunkt stellte. Auch die Therapie bestimmter Krankheitsbilder, wie z. B. der Skoliose, mit Hilfe von Bewegungsübungen, wurde von ihm mit Erfolg propagiert.

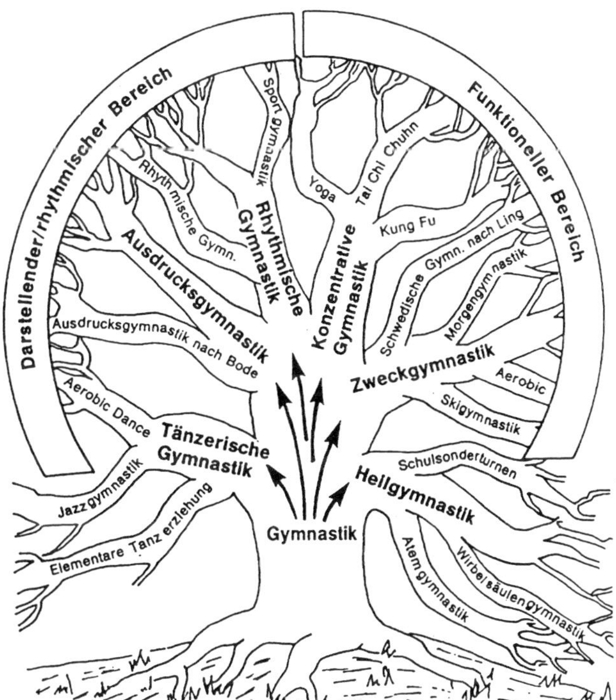

Abb. 1: Systematische Ordnung der Gymnastikgrundformen (Gutsche/Medau 1989, nach Lagerstrom u. a. 1985).

Aus diesem System, das als Schwedische Gymnastik oder als Heilgymnastik bekannt wurde, entwickelte sich zu Beginn des 20. Jahrhunderts eine Richtung der Gymnastik, die als Funktionelle Gymnastik bezeichnet werden könnte. Die amerikanische Ärztin BESS MENSENDIECK entwarf auf der Grundlage des Lingschen Gedankenguts eine spezielle Gymnastik für Frauen mit dem Ziel der Verbesserung der „Gesundheit und Funktionsfähigkeit des weiblichen Körpers". Auch die ersten Krankengymnastikschulen in Deutschland, die 1902 in Kiel und 1918 in Dresden gegründet wurden, bezogen sich auf das Werk von LING.
Neben dieser funktionellen Richtung der Gymnastik entwickelte sich um 1900 der künstlerisch-rhythmische Bereich, der mit den Namen von F. DELSARTE und J. DALCROZE verbunden ist. In Deutschland prägten RUDOLF BODE und HINRICH MEDAU, vor allem mit der rhythmischen Gymnastik, das Bild der Leibeserziehung bis in die 60er und 70er Jahre unseres Jahrhunderts hinein.
Die funktionelle Gymnastik rückte erst von den 80er Jahren an wieder ins Blickfeld der Öffentlichkeit, als die „Stretching-Welle" aus Amerika nach Deutschland überschwappte. In der Nachfolge von ANDERSON (1980) propagierten viele Autoren Stretching als die optimale Form des Dehnens, das darüber hinaus positive Auswirkungen auf die Psyche und das seelische Wohlbefinden haben sollte. KNEBEL popularisierte von 1985 an den Begriff der „Funktionsgymnastik", der althergebrachte Übungen der Gymnastik in Frage stellte und ihre Wirksamkeit einer kritischen Betrachtung unterzog. Seither ist eine breite Debatte über die Effektivität verschiedener Dehn- und Kräftigungsübungen im Gange, die teilweise für mehr Verwirrung als Klarheit gesorgt hat. Nach unserer Auffassung steckt diese Diskussion immer noch in ihren Anfängen, da zahlreiche Funktionsweisen des Körpers noch nicht wissenschaftlich untersucht oder verstanden wurden. Deshalb können viele Erkenntnisse nur als vorläufige gelten und müssen ihre Bewährungsprobe in der alltäglichen sportlichen Praxis bestehen.
Unter dieser Voraussetzung sollte auch das vorliegende Buch, das sich an Übungsleiter, Trainer, Sportlehrer und Sportstudenten sowie alle Sportreibende richtet, kritisch benutzt werden.

Teil 1:

Anatomische und physiologische Grundlagen

1 Der passive Bewegungsapparat

Knochen

Die Knochen bilden den passiven Bewegungsapparat mit seinen gelenkigen Verbindungen. Sie sind das Gerüst des Körpers, das den Weichteilen Stütze und Halt bietet und dienen als Ansatzstellen für die Muskulatur. Knochen sind, ebenso wie die Muskulatur, trainierbar und können ihre Zug- und Druckfestigkeit durch dosierte Belastungen verbessern.

Die hohe Festigkeit der Knochen wird u. a. durch ein Bälkchensystem im Inneren bestimmt, das aus der sogenannten Schwammsubstanz (substantia spongiosa) aufgebaut ist. Der Aufbau dieser Substanz wird durch mechanische Reize, z. B. durch Sport, begünstigt, eine Ruhigstellung oder Minderbelastung des Knochens führt zu ihrem Abbau. Außerdem erfolgt eine Entmineralisierung des Knochens, was als Ursache für sogenannte Ermüdungsbrüche gesehen werden kann.

Gelenke

Die meisten Knochen sind durch Gelenke miteinander verbunden. Das gesamte Gelenk wird von einer Gelenkkapsel umgeben, die aus sogenannten kollagenen Fasern besteht. Diese haben eine hohe Reißfestigkeit und sichern das Gelenk gut ab (siehe Abb. 2). Die Knochenenden sind mit Knorpelmasse überzogen, damit die Knochen nicht aneinander reiben. Das Innere der Kapsel, die sogenannte Synovialhaut produziert die Gelenkschmiere, die der Ernährung des Knorpels dient. Durch Druckbe- und -entlastung kann der Knorpel bestimmte Substanzen aus der Gelenkflüssigkeit aufnehmen und sich so verdicken. Diese Aufnahme funktioniert wie bei einem Schwamm und verbessert die Belastbarkeit des Knorpels. Bei längerer Einwirkung mechanischer Reize kommt es zu einer Neubildung von weiteren Knorpelzellen und einer Verdickung und Verbreiterung der Knorpelfläche.

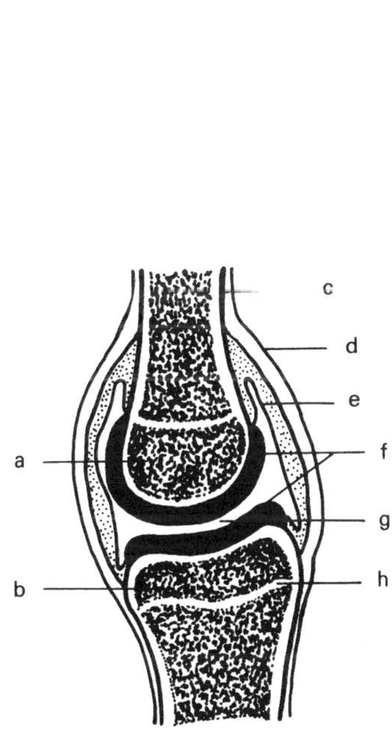

Abb. 2: Schematischer Aufbau eines Gelenkes (Frontalschnitt): a) (konvexer) Gelenkkopf, b) (konkave) Gelenkpfanne, c) Knochenhaut, d) Membrana fibrose, e) Membrana synovialis, f) hyaliner Gelenkknorpel, g) Gelenkspalt, h) Epiphysenfuge. (RÖTHIG u. a. Sportbiologie, Wiesbaden 1996, S. 156)

Bewegungsapparat

Die Bewegungen in einem Gelenk können entweder passiv durch Knochen und Bänder begrenzt oder aktiv durch Muskulatur geführt werden.

Eine weitere Struktur, die die Stabilität des Gelenkes günstig beeinflußt, sind die **Bänder**. Sie verbinden jeweils zwei Knochen und verbessern die Stabilität des Gelenks. Die Bewegungen in einem Gelenk können entweder passiv durch Knochen oder Bänder begrenzt oder aktiv durch Muskulatur geführt werden. Beim Schultergelenk z. B. erfolgt die Gelenksicherung durch die Muskulatur, die Stabilität des Ellbogengelenks kommt von einer straffen Kapsel-Bandführung.

Wirbelsäule

Die Wirbelsäule ist das zentrale Achsenorgan des Menschen. Sie schützt das Rückenmark, stützt den Schulter- und Beckengürtel und trägt den Kopf frei beweglich. Diese Funktionen werden durch ihre S-förmige Krümmung erleichtert, wobei im Bereich der Hals- und Lendenwirbelsäule eine Schwingung nach vorn (Lordose), im Bereich der Brustwirbelsäule eine nach hinten (Kyphose) zu sehen ist (siehe Abb. 3).

Die Wirbelsäule besteht aus 24 Wirbeln mit 23 Zwischenwirbelscheiben, den sogenannten Bandscheiben. Ein Wirbel besteht aus Wirbelkörper und Wirbelbogen, an den sich Quer- und Dornfortsatz anschließen (siehe Abb. 3a). Die Gesamtheit der Wirbelbögen umschließt den Wirbel-

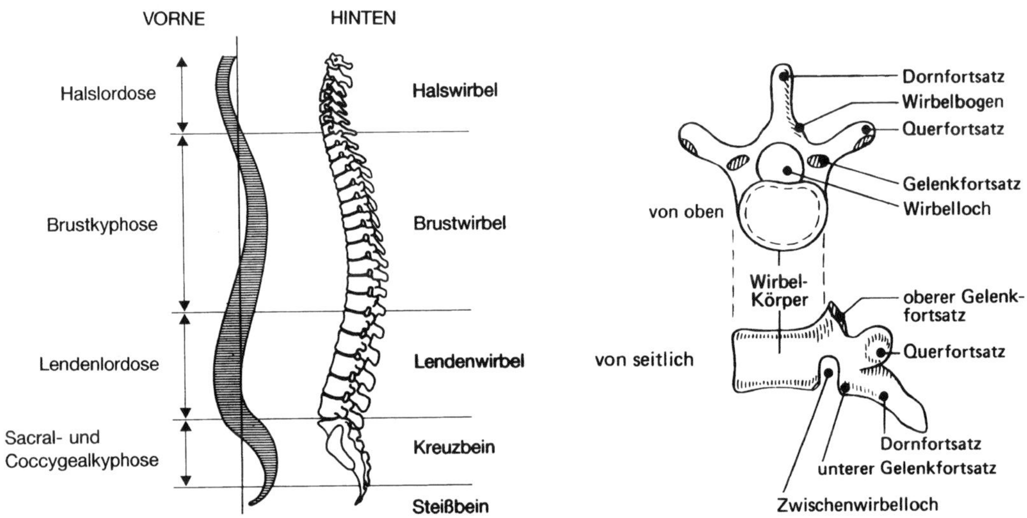

Abb. 3: a) Seitenansicht der Wirbelsäule.

b) Wirbel am Beispiel des Brustwirbels (von oben und von seitlich).
(DE MAREES 1996, S. 15)

kanal, in dem das Rückenmark liegt. Aus dem Wirbelbogen treten die Dornfortsätze nach hinten hervor, die die Überstreckung nach hinten verhindern. Seitlich entspringen die Querfortsätze und Gelenkfortsätze, die als Ansatz für die Rückenmuskulatur dienen.

Stärkere Seitkrümmungen der Wirbelsäule sind krankhaft (Skoliose) und entstehen häufig durch gewohnheitsmäßige Haltungsfehler. Sie sollten durch richtiges Sitzen bei der Arbeit und durch Sport und Gymnastik verhütet werden.

Bewegungsmöglichkeiten der Wirbelsäule

Da benachbarte Wirbel durch Bänder und durch die kurzen Rückenmuskeln verbunden sind, ist die Mobilität einzelner Bewegungssegmente relativ gering. Die Summierung der Einzelbewegungen ergibt dennoch eine insgesamt recht hohe Mobilität. Die beste Beweglichkeit zeigt dabei die Halswirbelsäule, die sowohl Beugung, Streckung, Seitneigung wie auch Rotationsbewegungen zuläßt. Die Brustwirbelsäule kann alle Bewegungen nur in geringerem Maße ausführen und z. B. nur schlecht überstreckt werden, während die Lendenwirbelsäule kaum rotieren kann.

Trainingswirkungen auf die Wirbelsäule

- Das Knochengewebe der Wirbel wird fester.
- Die Knorpelflächen an den Wirbelgelenken verdicken sich.
- Die Nährstoffversorgung der Bandscheiben verbessert sich durch den Wechsel von Be- und Entlastung.

Schultergelenk

Das Schultergelenk wird aus der relativ kleinen Gelenkpfanne des Schulterblattes und dem kugeligen Kopf des Oberarmknochens gebildet (siehe Abb. 4). Es hat eine weite Kapsel, die bei herunterhängendem Arm gefaltet ist

Eine Ausrenkung (Luxation) kommt bei dem nur muskel- nicht bandgesicherten Schultergelenk relativ häufig vor. Da dem Gelenk unten kein Muskel anliegt, kommt es dabei vor allem zur Luxation nach unten.

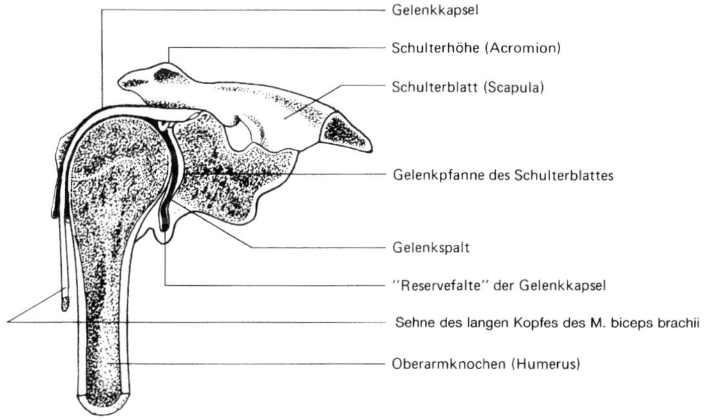

Abb. 4: Schultergelenk im Querschnitt (de Marées 1996, S. 12)

(Reservefalte) und sich nur beim Abspreizen des Armes spannt. Das Schultergelenk ist ein sogenanntes muskelgeführtes Gelenk, d. h., daß verschiedenste Muskeln die Stabilität des Gelenkes gewährleisten. Andererseits ermöglicht dies eine große Beweglichkeit, falls die Muskulatur entsprechend dehnfähig ist.

Kniegelenk

Bei Überstreckung im Kniegelenk oder bei seitlicher Abknickung des gestreckten Knies (häufige Verletzung im Skisport) kann es zu Rissen der Seitenbänder oder Verletzungen der Menisken kommen.

Das Kniegelenk wird aus den Gelenkflächen des Oberschenkels und des Schienbeins gebildet, die fast punktförmig aufeinander treffen (siehe Abb. 5). Die Inkongruenz der beiden Gelenkflächen wird durch die Menisken ausgeglichen. Das Kniegelenk wird vor allem durch Bänder geführt. Bei gestrecktem Bein straffen sich die Seitenbänder und geben starken Halt, auch gegen Rotationsbewegungen. Mit zunehmender Beugung sichern einmal die Kreuzbänder das Gelenk, zum anderen übernehmen Muskeln die Absicherung.

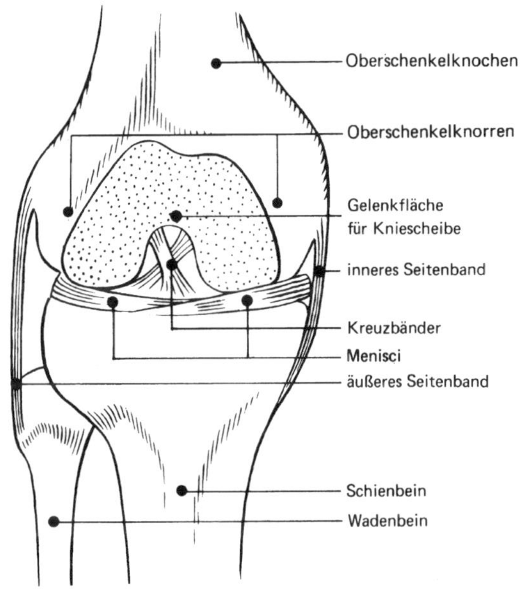

Abb. 5: Kniegelenk von vorn (Kniescheibe entfernt) (DE MAREES 1996, S. 14).

Hüftgelenk

Durch die tiefe Einlagerung des Oberschenkelkopfes in die Pfanne und durch starke Bänder ist das Hüftgelenk sehr gut gesichert und das am wenigsten gefährdete Gelenk des Körpers.

Gefahren für Gelenke durch gymnastische oder sportliche Belastungen

- Extreme Überstreckungen im Lendenwirbelbereich können zu Fehlbeanspruchungen einzelner Wirbel führen.
- Mangelnde muskuläre Stabilität erhöht die Belastung in den Gelenken.
- Angeborene oder erworbene Fehlstellungen bringen eine einseitige Belastung.
- Muskuläre Dysbalancen verstärken Fehlbelastungen.
- Falsche Technik, z. B. beim Heben einer Last, verstärkt die Beanspruchung.

2 Aufbau und Funktion der Skelettmuskulatur

Verschiedene Arten von Muskulatur

Im Körper des Menschen gibt es drei voneinander unterscheidbare Arten von Muskulatur:

1. **Die glatte Muskulatur**, die in den Wänden von Darm, Blase, Magen und Blutgefäßen vorkommt und nur unwillkürliche, d. h. vom Willen nicht beeinflußbare Kontraktionen ausführt. Sie wird vom vegetativen (= unwillkürlichen) Nervensystem gesteuert. Die glatte Muskulatur kontrahiert langsam und ist permanent aktiv.

2. **Die Herzmuskulatur**, die sich vom Gewebe her von der glatten und der Skelettmuskulatur unterscheidet, da ihre Muskelzellen netzartig miteinander verbunden sind. Sie hat ein eigenes Erregungsbildungs- und -leitungssystem, das ebenfalls unwillkürlich arbeitet. Ihre Fasern können sehr schnell kontrahieren und sind nahezu unermüdbar.

Die Kontraktion des Muskels äußert sich in einer Spannungsänderung oder in einer Längenänderung.

3. **Die Skelettmuskulatur**, die aufgrund ihres Abbildes unter dem Mikroskop auch als quergestreifte Muskulatur bezeichnet wird. Sie wird vom Zentralnervensystem gesteuert, kann also vom Willen des Menschen gesteuerte (= willkürliche) Kontraktionen ausführen. Die 434 Skelettmuskeln des Menschen machen ungefähr 40 bis 45 % der Gesamtmasse des Körpers aus. Bei sportlichen Höchstleistungen sind sie jedoch in der Lage, bis zu 90 % der insgesamt benötigten Energie zu verbrauchen, indem die chemisch in den Nährstoffen gebundene Energie in mechanische Bewegungsenergie umgewandelt wird. Die dabei entstehenden Spannungskräfte übertragen sich durch die Sehnen auf die Knochen und ermöglichen so eine Gelenksbewegung.

Sehnen

Die Sehnen sind die Verbindungen zwischen Muskeln und Knochen. Sie bestehen aus faserreichem kollagenem Bindegewebe mit parallel angeordneten Fasern, die auf der einen Seite an den Muskelfaserhüllen befestigt sind und auf der anderen Seite in den Knochen einstrahlen. Im Ruhezustand, d. h. wenn der Muskel nicht kontrahiert, ist die Sehne entspannt wie ein wellenförmig liegendes Seil. Zieht sich der Muskel zusammen, wird zuerst die Sehne gespannt, dann überträgt sich die Kraft des Muskels leicht federnd auf die Ansatzstelle des Knochens. Die Sehnen haben eine sehr hohe Zugfestigkeit, d. h. sie halten sehr hohe Spannungen aus, ohne zu reißen. Andererseits ist es sehr schwer möglich sie zu dehnen, da sie dem Dehnreiz einen hohen Widerstand entgegensetzen.

Da Sehnen nicht über Blutgefäße mit Nährstoffen versorgt werden, haben sie einen sehr langsamen Stoffwechsel und passen sich auch nur langsam an Belastungen an.

Verschiedene Muskelformen

Die Muskeln des Körpers differieren stark in ihrer Größe und in Faseranordnung (vgl. Abb. 6). Nach dem äußeren Aussehen unterscheidet man parallelfaserige (= ungefiederte) und gefiederte Muskeln. Beispiele für **ungefiederte Muskeln**, zu denen auch die spindelförmigen gehören, sind die gerade Bauchmuskulatur oder der Ellbogenbeuger. Die **gefiederten Muskeln** können einfach, doppelt oder komplex gefiedert sein.
Der Unterschied zwischen den beiden Haupttypen besteht im sogenannten Fiederungswinkel, d. h. dem Winkel, mit dem die Muskelfasern an der Sehne oder dem Knochen angreifen. Bei einem großen Winkel zwischen Muskelfasern und Sehne, wie etwa bei den gefiederten Muskeln, verkürzt sich der Gesamtmuskel weniger als beim geraden Ansatz eines spindelförmigen Muskels.

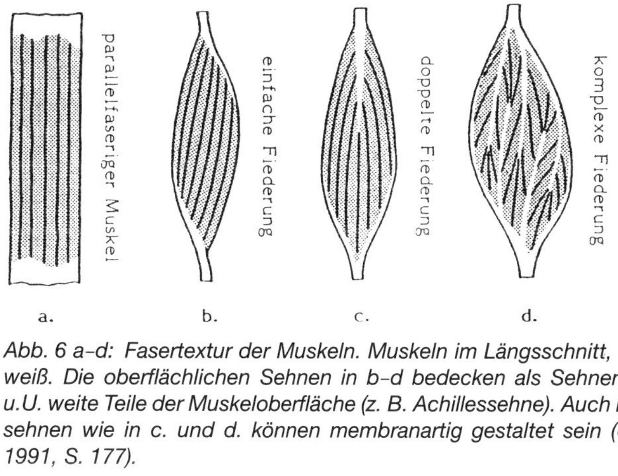

Abb. 6 a–d: Fasertextur der Muskeln. Muskeln im Längsschnitt, Sehnen weiß. Die oberflächlichen Sehnen in b–d bedecken als Sehnenspiegel u.U. weite Teile der Muskeloberfläche (z. B. Achillessehne). Auch Binnensehnen wie in c. und d. können membranartig gestaltet sein (Uhlmann 1991, S. 177).

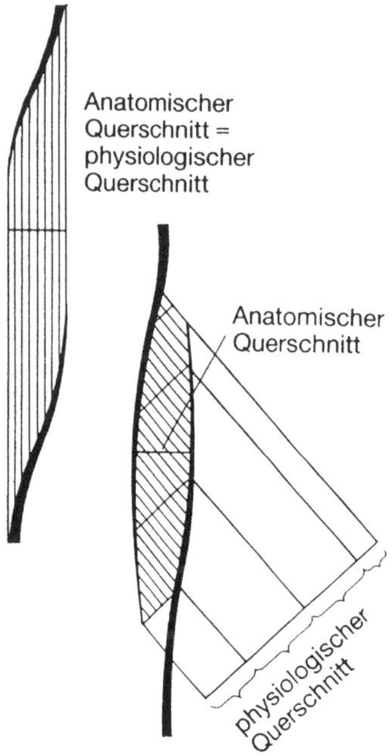

Abb. 7: Unterschied zwischen anatomischem und physiologischem Querschnitt eines gefiederten Muskels. (GROSSER u. a. 1987, S. 98).

Anatomischer Querschnitt = Querschnitt an der dicksten Stelle des Muskelbauches
Physiologischer Querschnitt = Querschnitt des Muskels senkrecht zum Verlauf der Muskelfasern.

Beim Vergleich der Kraft eines gefiederten mit einem spindelförmigen Muskel kann man feststellen, daß der gefiederte deutlich höhere Kräfte entwickeln kann. Dies liegt daran, daß bei dieser Muskelform mehr Fasern über die Sehne am Knochen angreifen, so daß bei einer Verkürzung dieser Fasern (der Kontraktion) mehr Spannung entwickelt wird. Dies bezeichnet man als **physiologischen Querschnitt**, d. h. als Querschnitt des Muskels senkrecht zu seinem Faserverlauf; dieser ist für die Kontraktionskraft des Muskels entscheidend. Der Querschnitt des Muskelbauches an seiner dicksten Stelle, der **anatomische Querschnitt**, sagt über das Kraftpotential dagegen nicht unbedingt etwas aus. Dies bedeutet, daß ein äußerlich dicker Muskel nicht unbedingt sehr stark sein muß, wenn seine Fasern ungünstig an der Sehne angreifen, während z. B. ein doppelt gefiederter Muskel trotz geringen Volumens eine hohe Kraft entfalten kann (vgl. auch Abb. 7).
Bei spindelförmigen Muskeln entspricht der anatomische Querschnitt dem physiologischen. Sie sind in der Lage bei einer Verkürzung ein relativ großes Bewegungsausmaß zu erzielen und sind vor allem an den Extremitäten zu finden. Die gefiederten Muskeln kommen dagegen eher dort vor, wo große Kräfte entfaltet werden müssen, um Halte- oder Stabilisationsarbeit zu verrichten, z. B. am Rumpf oder im Bereich der Schulter. Es gibt also Muskeln, die eher eine Haltefunktion haben und die Stabilität eines Gelenkes auch bei Bewegungen gewährleisten (sogenannte Kraftmuskeln oder tonische Muskeln) und Muskeln, die die eigentliche Bewegung ausführen (sogenannte phasische oder Schnelligkeitsmuskeln).
Um eine optimale Bewegung zu ermöglichen, ist es nötig, beide Muskelfunktionen zu schulen. Bei einseitiger Kräftigung der Bewegungsmuskeln kann es zu Fehlbelastungen des Gelenks kommen oder die Bewegung wird nicht sauber koordiniert: Je stärker die Bewegungsmuskeln werden, desto kräftiger müssen die Stabilisierungsmuskeln ausgebildet sein.

Ansatz und Ursprung

Da Muskeln über ihre Sehnen immer an zwei Knochen befestigt sind, müßten sich bei einer Spannungsentwicklung beide Knochen bewegen. Meistens ist aber der eine Knochen durch äußere Kräfte oder andere Muskeln fixiert, so daß sich nur ein Knochen bewegt. Die Befestigung am fixierten Knochen wird **Ursprung** (punctum fixum), die am beweglichen Knochen **Ansatz** (punctum mobile) genannt. Meistens liegt der Ursprung näher zur Körpermitte, der

Ansatz eher in Richtung der Extremitäten. Ein Beispiel zeigt Abbildung 8: Der M. biceps hat seinen Ursprung am Schulterblatt, seinen Ansatz am Unterarm. Bei einer Kontraktion wie den Bizepscurls bewegt sich der Unterarm (punctum mobile) nach oben, der körpernahe Ursprung bleibt fixiert. Grundsätzlich können Ansatz und Ursprung aber auch umgekehrt werden, wie das Beispiel des Klimmzuges zeigt: Der Ansatz am Unterarm bleibt fixiert, während der Ursprung am Oberarm sich bewegt und so zum punctum mobile wird.

Die Befestigung des Muskels am fixierten Knochen wird als Ursprung bezeichnet und liegt meist am proximalen (näher zum Körperkern liegenden) Teil des Skeletts. Der Ansatz ist die Befestigung des Muskels am beweglichen Knochen und liegt meist am distalen (vom Körperkern entfernt liegenden) Teil des Skeletts.

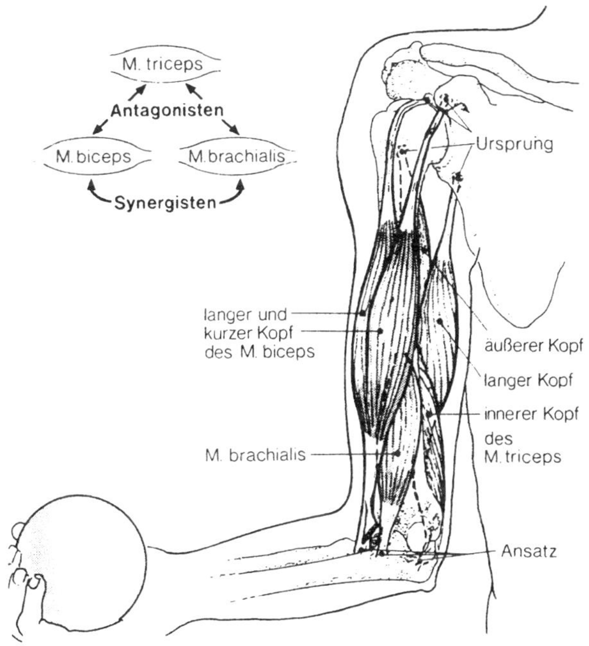

Abb. 8: Muskeln, die auf das Ellbogen- und Schultergelenk wirken (Röthig, Trainingslehre 1995, S. 87)

Antagonist und Synergist

Bei nahezu jeder Bewegung arbeiten mehrere Muskeln zusammen. Wenn z. B. der Ellbogenbeuger (M. biceps) kontrahiert, wird der auf der anderen Seite des Oberarms liegende Ellbogenstrecker (M. triceps) gedehnt. Verkürzt sich umgekehrt der M. triceps wird der M. biceps gedehnt. Ein solches Paar von Muskeln, das entgegengesetzte Bewegungen durchführt, nennt man **Agonist** (= handelnder Muskel) und **Antagonist** (= Gegenspieler).

Antagonistisch wirkende Muskeln arbeiten bei der Ausführung einer Bewegung gegeneinander, synergistisch wirkende Muskeln arbeiten miteinander.

Das Zusammenspiel von Agonist und Antagonist ist für die Qualität der Bewegung entscheidend: Läßt sich der Antagonist eines kontrahierenden Muskels z. B. nicht richtig dehnen, wird der Kraftentfaltung des handelnden Muskels ein Widerstand entgegengesetzt. Dies bedeutet , daß der Agonist nicht seine volle Kraft entfalten kann und damit die Bewegung unökonomisch wird. Eine optimale Bewegung beruht immer auf der Kraftentfaltung des Agonisten und der Dehn- und Entspannungsfähigkeit des Antagonisten. An der Beugung eines Gelenkes sind in aller Regel ebenfalls mehrere Muskeln beteiligt. Im Falle des Ellbogengelenks unterstützt z. B. der M. brachialis die Aktion des M. biceps; beide Muskeln arbeiten zusammen als sogenannte **Synergisten** (vgl. auch Abb. 8), d. h. sie arbeiten bei der Beugung eines Gelenks in der gleichen Richtung zusammen.

Auch das Zusammenspiel der synergistisch wirkenden Muskulatur ist für die Bewegungsqualität von Bedeutung, da der eine Muskel meist in anderen Gelenkwinkeln arbeitet als sein Synergist und er deshalb nicht die Funktion des „mithelfenden" Muskels übernehmen kann. Es ist deshalb immer wichtig, alle an einer Gelenksbeugung oder -streckung zusammen arbeitenden Muskeln funktionsfähig zu halten, da nur so eine optimale Bewegung zustande kommt. Einseitige Kräftigungsübungen für nur einen Muskel innerhalb einer Muskelkette können die Bewegungsqualität sogar verschlechtern oder zu Verletzungen des nichttrainierten Muskels führen. Solche Ungleichgewichte in einer Muskelkette werden auch als **muskuläre Dysbalancen** bezeichnet und können durch gezielte Dehn- und Kräftigungsübungen beeinflußt werden (vgl. auch Kap. 11).

3 Feinstruktur der Muskelzelle

Die Skelettmuskulatur setzt sich aus den in Abbildung 9 dargestellten Elementen zusammen. Der einzelne Muskel besteht aus einer unterschiedlich großen Zahl von Muskelfasern, die durch Bindegewebe zu sogenannten Faserbündeln zusammengefaßt sind. Die Muskelfasern haben einen Durchmesser von 40 bis 150 µm (1 µm/Mikrometer = 1 millionstel Meter) und eine Länge von 0,05 bis 32 cm. Sie

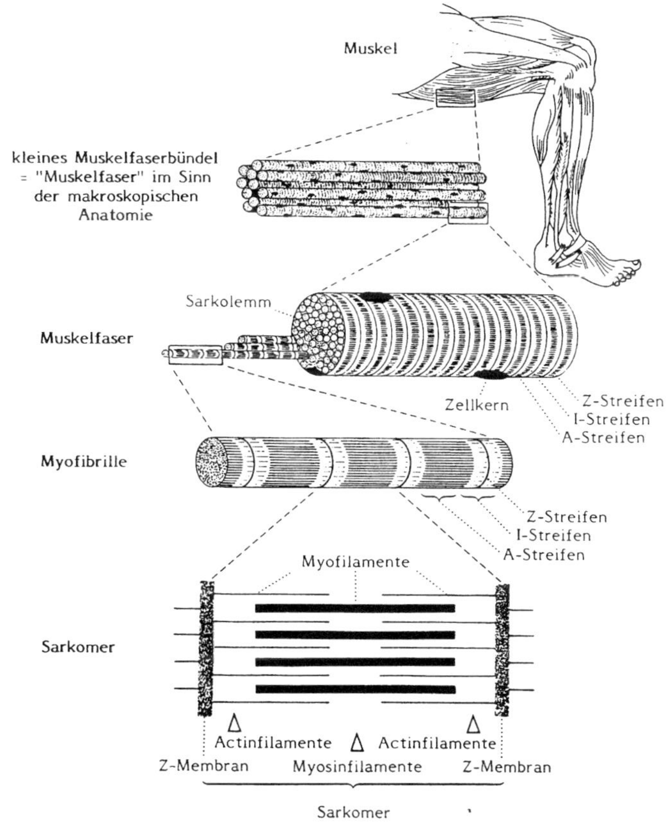

Abb. 9: Feinbau der kontraktilen Elemente des Muskels (Uhlmann 1991, S. 180).

sind von einer elastischen Hülle, dem sogenannten Sarkolemm umgeben, das eine Dicke von ca. 10 µm hat. Das Innere des Muskelfaservolumens bilden zu 80 % die kontraktilen (= zur Verkürzung fähigen) Myofibrillen, die einen Durchmesser von 1 bis 2 µm haben, und das Sarkoplasma (vgl. auch Abb. 10). Im Sarkoplasma befinden sich:

mítos, gr. Faden
chóndros, gr. Korn

1. Die „Kraftwerke" der Zelle, die sogenannten **Mitochondrien**, in denen die aerobe Energiebereitstellung vor sich geht.
2. Das **sarkoplasmatische Retikulum**, ein Kanal- und Bläschensystem, das jedes Sarkomer wie ein Netz umhüllt. In den Bläschen befinden sich Kalziumionen, die bei der Muskelkontraktion eine Rolle spielen.

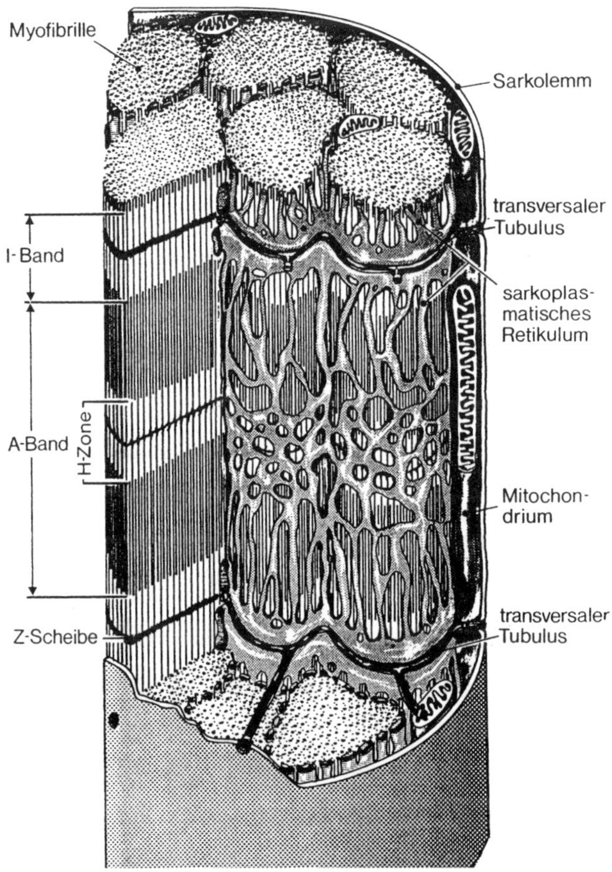

Abb. 10: Feinbau einer Muskelfaser (Markworth 1988, S. 40).

3. Das **Myoglobin**, das den Sauerstoff aus dem Blut entnimmt und in die Mitochondrien weiterleitet.
4. Die **Speicher für Glykogen** (= Speicherform des Zuckers) und Fette, die für die Energiegewinnung benötigt werden.

Die Myofibrillen sind parallel zueinander angeordnete kontraktile Eiweißketten, die in Längsrichtung von einem Ende der Muskelzelle bis zum anderen ziehen. Betrachtet man die Myofibrille unter dem Mikroskop, zeigen sich hellere und dunklere Zonen, die sich regelmäßig abwechseln. Wegen dieses Aussehens bezeichnet man die Skelettmuskulatur auch als quergestreifte Muskulatur.
Die Grundbausteine der Myofibrillen wiederum sind die sogenannten **Sarkomere**, die aus den dickeren Myosinfäden (= Myosinfilamente) und den dünneren Aktinfilamenten aufgebaut sind. Das Myosinmolekül ähnelt einem Golfschläger mit zwei Köpfen. Der Stiel wird auch als leichtes Meromyosin bezeichnet, Kopf und Hals heißen zusammen schweres Meromyosin (vgl. auch Abb. 11). Die Myosinmoleküle sind so angeordnet, daß die Myosinköpfe aus dem dicken Filament herausragen und so bei der Muskelkontraktion eine wichtige Rolle als Verbindungsstelle spielen.

Die kleinste funktionelle Einheit des Muskels ist das Sarkomer. Es besteht aus den Aktin- und Myosinfilamenten und wird durch die beiden Z-Streifen begrenzt. In diesem Abschnitt läuft der Vorgang der Kontraktion ab. Viele hintereinandergeschaltete Sarkomere ergeben eine Myofibrille.

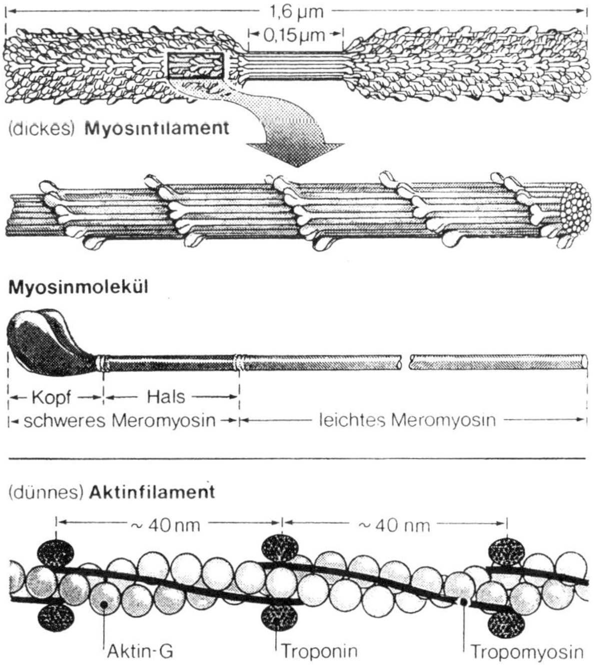

Abb. 11: Feinaufbau der Myosin- und Aktinfilamente (Markworth 1988, S. 33).

Dafür haben sie auch besondere chemische Eigenschaften:

1. An den Köpfen ist das Enzym Myosin ATP-ase angelagert, das für die Energiebereitstellung der Muskelkontraktion eine zentrale Rolle spielt.
2. Die Myosinköpfe besitzen eine starke Affinität zum Aktin, d. h. sie gehen gern eine chemische Verbindung mit dem Aktin ein.

Das Sarkomer ist der Abschnitt zwischen zwei Z-Streifen in einer Myofibrille. Es hat eine Länge von 2 millionstel Meter und kann sich um die Hälfte seiner Ausgangslänge verkürzen. Eine Dehnung kann nur auf 2,5 millionstel Meter erfolgen.

Das Aktinfilament besteht aus kugelförmigen Molekülen, die zu einer Doppelspirale angeordnet sind. Es setzt sich aus drei verschiedenen Eiweißmolekülen zusammen, dem Aktin-G, dem Troponin und dem Tropomyosin (vgl. auch Abb. 11). Die Tropomyosinkugeln verhindern in der Ruhestellung, daß sich die Myosinköpfe an das Aktin anlagern können. Erst bei der Auslösung des Kontraktionsvorganges durch einen Nervenimpuls verändern die Tropomyosinmoleküle ihre Stellung, so daß die „Andockstelle“ am Aktin frei wird. Der Myosinkopf paßt nun genau auf das Aktinfilament.
Die Aktinfilamente sind in Ruhelage in den Zwischenräumen der Myosinfilamente gelagert. Die seitliche Begrenzung einer solchen funktionellen Einheit sind die sogenannten Z-Streifen. Sie haben, ebenso wie die in der Mitte des Sarkomers liegenden M-Streifen, die Aufgabe, die Filamente seitlich zu stabilisieren (siehe Abb. 12).

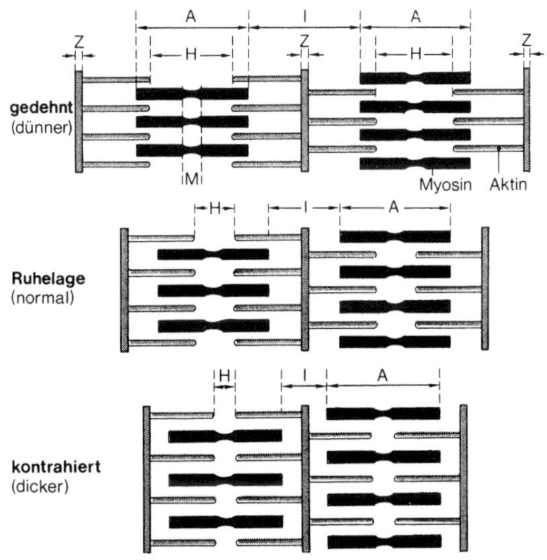

Abb. 12: Schematische Zeichnung zweier Sarkomere in Ruhelage, während einer konzentrischen Kontraktion und bei Dehnung MARKWORTH 1988, S. 32).

4 Die Kontraktion

Die Gleittheorie der Muskelkontraktion

Die Vorgänge bei der Muskelkontraktion werden heutzutage mit der Theorie der „sliding filaments“ nach HUXLEY und HUXLEY erklärt: Bei einer Muskelkontraktion gleiten die Aktinfilamente in die Zwischenräume zwischen die Myosinfäden hinein und bewirken so eine Verkürzung des Sarkomers (vgl. auch Abb. 13). Die Myosinköpfe verbinden sich dabei mit den Aktinfilamenten und bilden sogenannte Querbrücken. Dann erfolgt eine aktive Kippbewegung der Myosinköpfe, wodurch das Aktinfilament zur Mitte des Sarkomers gezogen wird. Das Sarkomer verkürzt sich durch diese Kippbewegung um etwa 1 % seiner Gesamtlänge. Nach 10 bis 100 ms löst sich der Myosinkopf wieder vom Aktin und bildet mit der nächsten „Anlegestelle“ des

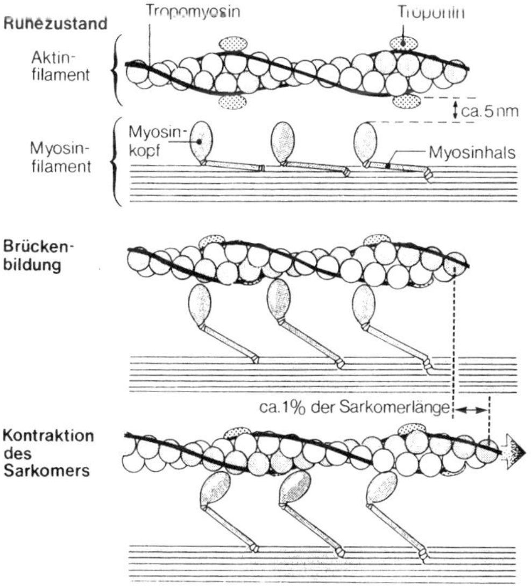

Abb. 13: Brückenbildung und Spannungsentwicklung zwischen Myosin- und Aktinfilament (MARKWORTH 1988, S. 35).

Bei einer Kontraktion verbinden sich die Myosinköpfchen mit den Aktinfäden zu sogenannten Querbrücken. Durch die Drehung der Myosinköpfchen erfolgt eine Spannungsentwicklung, die die Aktinfäden in die Myosinzwischenräume hineinzieht. Nach einem ganz kurzen Zeitraum lösen sich Myosin und Aktin voneinander und bilden dann erneute Querbrücken. Auf diese Weise wiederholt sich ein Vorgang, der wie beim Tauziehen durch Fassen, Loslassen und Nachfassen charakterisiert ist und bis zu 50 mal pro Sekunde abläuft. Da sehr viele Sarkomere hintereinander geschaltet sind, addieren sich ihre minimalen Bewegungen zur sichtbaren Verkürzung des Muskels.

Aktin eine erneute Querbrücke. Man nennt diesen Zyklus des Anlagerns und Sich-wieder-Lösens einen „Greif-Loslaß-Zyklus“.
Durch die häufige Wiederholung eines solchen Zyklus ziehen sich die Myosinköpfe nach dem Prinzip des Tauziehens zur Mitte des Sarkomers und verkürzen so das Sarkomer insgesamt. Dies kann in einer Sekunde bis zu fünfzigmal geschehen. Bei einer Verkürzung um ungefähr 50 % der Ausgangslänge stoßen die Myosinfilamente an die Z-Streifen oder die Aktinfilamente stoßen in der Mitte aneinander, so daß keine weitere Verkürzung mehr möglich ist. Umgekehrt werden bei einer Dehnung die Aktinfilamente aus den Zwischenräumen herausgezogen, die Überlappung der Filamente nimmt ab (siehe auch Abb. 12). Deshalb ist bei einer sehr starken Vordehnung des Muskels keine hohe Kraftentfaltung möglich, da die weit auseinander gezogenen Filamente weniger Querbrücken bilden können.

Die Bedeutung des Kalziums

Durch den Einstrom von Kalzium ins Sarkomer erfolgt das Startsignal für die Muskelkontraktion.

Die Kontraktion im Muskel kann allerdings nur funktionieren, wenn ein Startsignal für die Querbrückenbildung gegeben wird. Dieses Signal wird von einem Nervenimpuls ausgelöst. Daraufhin werden große Mengen von Kalzium aus dem sarkoplasmatischen Retikulum, einem Kanal- und Bläschensystem innerhalb der Muskelzellen, in die Nähe der Myofilamente ausgeschüttet. Die Kalziumionen verbinden sich chemisch mit dem Troponin, so daß die Andockstellen am Aktin frei werden und die Bildung der Querbrücken beginnen kann. Das Kalzium hat insgesamt vier wichtige Funktionen:

1. Durch seine Anlagerung an das Troponin wird der Weg frei gemacht für die Verbindung von Aktin und den Myosinköpfen (= Starterfunktion).
2. Das Kalzium aktiviert das Enzym ATP-ase, das für die Spaltung des ATPs benötigt wird. So wird genügend Energie für die Kippbewegung der Myosinhälse und ihre spätere Ablösung vom Aktin freigesetzt.
3. Kalzium aktiviert das Enzym Muskelphosphorylase, das den Abbau des gespeicherten Muskelglykogens zu Glukose beschleunigt (Energienachschub).
4. Kalzium ermöglicht die Entspannung der Muskelzelle. Nach Abklingen der elektrischen Erregung werden die Kalziumionen über einen Pumpmechanismus in das sarkoplasmatische Retikulum zurücktransportiert.

In der Zelle blockieren jetzt die Tropomyosinfäden wieder die Kontaktstellen des Aktins für die Myosinköpfe; eine

Querbrückenbildung ist nicht mehr möglich. Das Abpumpen des Kalziums erfordert natürlich Energie, die durch die Spaltung des ATPs bereitgestellt wird. Das Absaugen des Kalziums ermöglicht die Lösung der Querbrücken von Aktin und Myosin und somit das Erschlaffen der Muskulatur. Man spricht deshalb auch von der „Weichmacherwirkung" des ATPs (siehe Abb. 14). Ist also wenig ATP im Muskel vorhanden, z. B. bei extremen Anstrengungen, ist der Muskel schlechter dehnbar und das Zusammenspiel von Agonist und Antagonist funktioniert nicht mehr optimal. Bewegungen werden dadurch unökonomisch und die Verletzungsgefahr steigt. Extremstes Beispiel einer Muskelerstarrung ist der Tod: Da kein ATP mehr nachgeliefert wird, werden die Querbrücken nicht mehr gelöst, der Muskel verharrt in Spannung (Totenstarre).

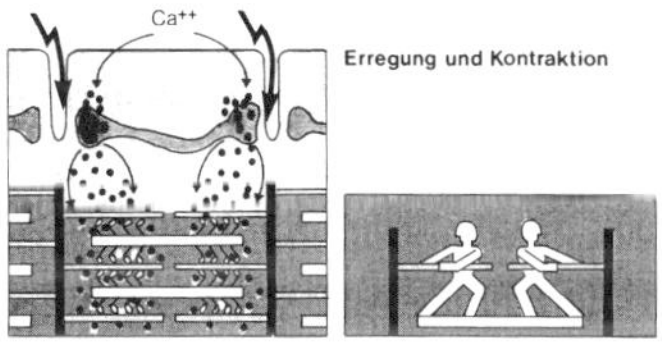

Abb. 14: Erregung und Kontraktion, die „Weichmacherwirkung" des ATPs (Markworth 1988, S. 41).

Die elektrische Erregung der Muskelzelle

Die Kontraktion der Skelettmuskulatur wird immer durch einen Nervenimpuls ausgelöst, der von den Nervenzellen des Rückenmarks, den sogenannten Motoneuronen, ausgelöst wird und über absteigende (= efferente) Nervenbahnen an die motorische Endplatte der Muskelfaser geleitet wird. Die motorische Endplatte ist die Übertragungsstelle zwischen dem ankommenden elektrischen Signal und der Muskelzelle (siehe Abb. 15).

Nach Ankunft des Signals wird aus kleinen Bläschen (Vesikeln) am Ende der motorischen Endplatte ein Überträgerstoff freigesetzt, das Azetylcholin. Es gelangt sehr schnell

Die elektrische Erregung der Muskelzelle erfolgt vom Motoneuron im Rückenmark über die absteigende Nervenfaser auf die Oberfläche der Muskelzelle. Das elektrische Ruhepotential der Zellmembran geht in das Aktionspotential über. Es kommt zur Depolarisation, d. h. zur Erregung der Muskelzelle und als Folge davon zur Kontraktion.

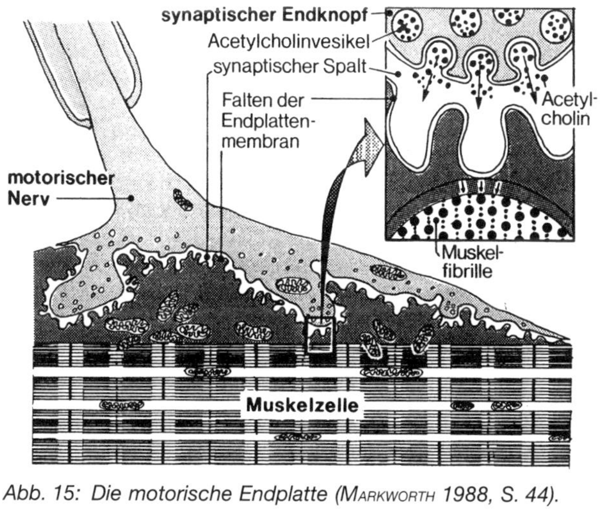

Abb. 15: Die motorische Endplatte (Markworth 1988, S. 44).

Es gibt Stoffe, die das Azetylcholin verdrängen und damit eine Muskelkontraktion unmöglich machen, wie beispielsweise das Pfeilgift der Indianer (Curare).

in die Lücke zwischen Nerven- und Muskelzelle, den sogenannten synaptischen Spalt, und geht eine chemische Verbindung mit besonderen Empfangsstellen (= Rezeptoren) der Muskelzellmembran ein, die genau gegenüber liegen. Für kurze Zeit wird die Durchlässigkeit der Zellmembran für Natrium- und Kaliumionen größer, so daß sich die elektrische Spannungsdifferenz zwischen dem Inneren und Äußeren der Muskelzelle ändert. Dieser Vorgang heißt Depolarisation und ist in Abbildung 16 dargestellt.
Durch die chemischen Veränderungen entsteht an der motorischen Endplatte das sogenannte Endplattenpotential. Überschreitet dieses einen bestimmten Schwellenwert, entsteht an der Muskelzellmembran das Muskelaktionspotential, d. h. eine elektrische Spannung, die sich über die ganze Muskelzelle bis zu den Sarkomeren ausbreitet und dort die Kontraktion in Gang setzt.

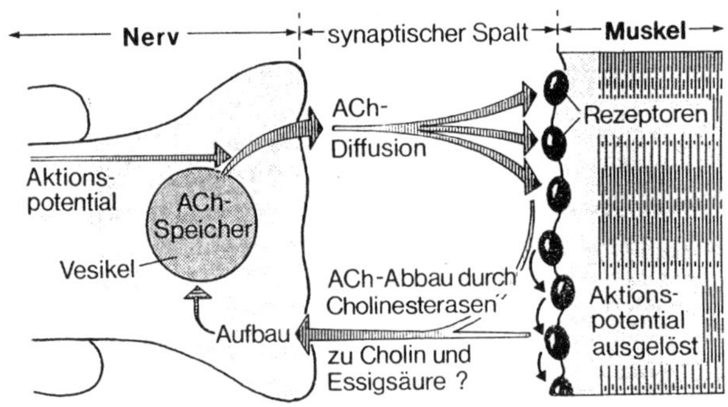

Abb. 16: Übermittlung des Nervenbefehls an der motorischen Endplatte durch den Überträgerstoff Azetylcholin (ACh) (Markworth 1988, S. 45).

Die elektromechanische Koppelung

Der Nervenimpuls der motorischen Endplatte breitet sich sehr schnell über die ganze Muskelzelle aus, da er über die sogenannten transversalen Tubuli rasch bis in die Tiefen der Muskelzelle vordringen kann und dort die Kontraktion auslöst (siehe Abb. 17). Diese Verbindung von elektrochemischer Weiterleitung des Aktionspotentials und der Mechanik der Kontraktion wird als elektromechanische Koppelung bezeichnet. Nachdem der elektrische Impuls bei den Sarkomeren angekommen ist, werden die Kalziumionen aktiviert, die dann die Querbrückenbildung einleiten.

Wird an einer Muskelzelle ein Aktionspotential durch einen überschwelligen Reiz ausgelöst, entwickeln alle Sarkomere gleichzeitig Spannung.

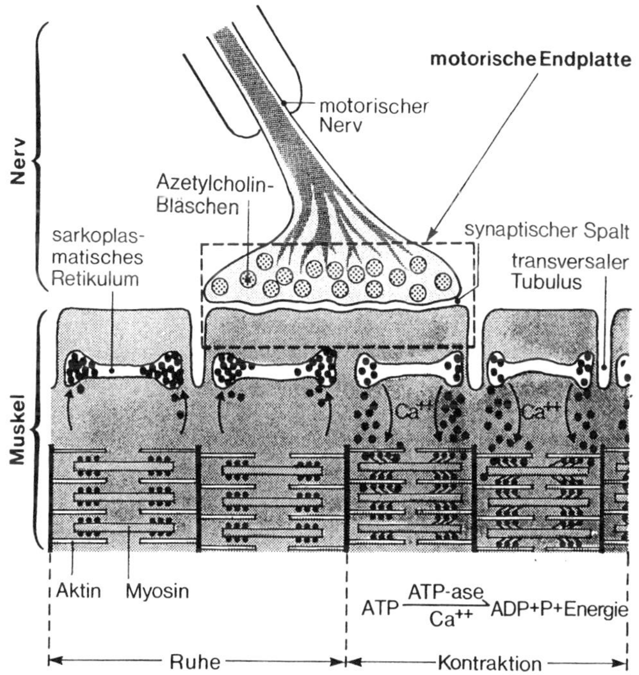

Abb. 17: Koppelung zwischen elektrochemischer Erregung und Kontraktion (elektromagnetische Koppelung) (Markworth 1988, S. 46).

Die Latenzzeit wird um so kürzer, je höher die Temperatur des Muskels ist. Das heißt, daß ein aufgewärmte Muskel schneller reagieren kann.

Die Zeit zwischen der Erregung der Zelle und dem Beginn der Kontraktion wird als Latenzzeit bezeichnet und beträgt einige Millisekunden. Bei höheren Temperaturen, z. B. nach dem Aufwärmen der Muskulatur, verringert sich die Latenzzeit und der Muskel kann schneller reagieren.

Alles-oder-Nichts-Gesetz

Der Reiz, der zu einer Depolarisation der Muskelzellmembran führt, und somit die Kontraktion auslöst, muß einen bestimmten Schwellenwert überschreiten, um wirksam zu werden. Eine Verstärkung dieses Reizes führt nicht zu einer Verstärkung der Muskelkontraktion. Entweder reagiert die Muskelzelle nicht auf einen Reiz (= unterschwelliger Reiz) oder sie reagiert mit maximaler Kontraktion (= überschwelliger Reiz). Diese Reaktion wird auch als „Alles-oder Nichts-Gesetz" bezeichnet. Dieses Gesetz gilt für einzelne Muskelfasern, bzw. für einzelne motorische Einheiten, nicht jedoch für den Gesamtmuskel. Würde der Gesamtmuskel nach diesem Verfahren kontrahieren, gäbe

Bei Reizung eines Nervens mit sehr hohen Frequenzen eines Wechselstroms ist die Nutzzeit so klein, daß es nicht mehr zu einer Erregung kommt. Die Wirkung des elektrischen Stroms besteht dann in einer Erwärmung des Gewebes (Diathermie) die in der Medizin als Kurzwellenbehandlung angewandt wird. (Mörike u.a. 1991, S. 2-66)

es nur eine Maximalkontraktion oder gar keine Kontraktion. Um seine Kraft abgestuft und fein dosiert einsetzen zu können, verfügen die Steuermechanismen des Muskels über andere Möglichkeiten, die im Kapitel 9 näher betrachtet werden.

Tetanus und Superposition

Bei hohen Reizfrequenzen des motorischen Nervensystems summieren sich die Spannungen der Muskelzelle zum sogenannten Tetanus, da in der kurzen Pause keine vollständige Erschlaffung der Zelle möglich ist. Durch diesen Mechanismus kann der Muskel sehr hohe Spannungen entwickeln.

Nach der Erregung der einzelnen Muskelfaser kann sie für eine gewisse Zeitspanne auf einen erneuten Reiz nicht reagieren; dies wird als Refraktärzeit bezeichnet. Kommen die Impulse der Motoneurone jedoch sehr schnell hintereinander, ist die Muskelfaser noch nicht völlig erschlafft. Die folgende Erregung lagert sich auf die vorangegangene auf, es kommt zu einer Summierung der Einzelzuckungen. Diese Zuckungssummierung oder Superposition der Kontraktion bewirkt schließlich eine Dauerverkürzung des Muskels (Tetanus) mit einer Zunahme der Kontraktionsamplitude (vgl. Abb. 18 links).

Die Zuckungssummierung ist dadurch möglich, daß die ankommenden elektrischen Impulse etwa zehnmal so schnell sind wie die ablaufende Kontraktion. Kommen die Impulse mit einer Frequenz von ca. 30 Reizen pro Sekunde, entsteht die Dauerverkürzung des Muskels. Abbildung 18 (rechts) zeigt, daß bei zehn Impulsen pro Sekunde die Einzelzuckungen noch sichtbar sind, man spricht dann auch von einem unvollkommenen Tetanus. Ab 30 Impulsen pro Sekunde ist die Einzelzuckung nicht mehr sichtbar, es entsteht die Dauerkontraktion (= vollständiger Tetanus). Bei hoher Impulsfrequenz der Motoneurone kommt es also zu einem größeren Ausmaß der Muskelverkürzung und zu einer Beschleunigung der Kontraktion. Alle vom ZNS gesteuerten Verkürzungen des Skelettmuskels sind Dauerverkürzungen.

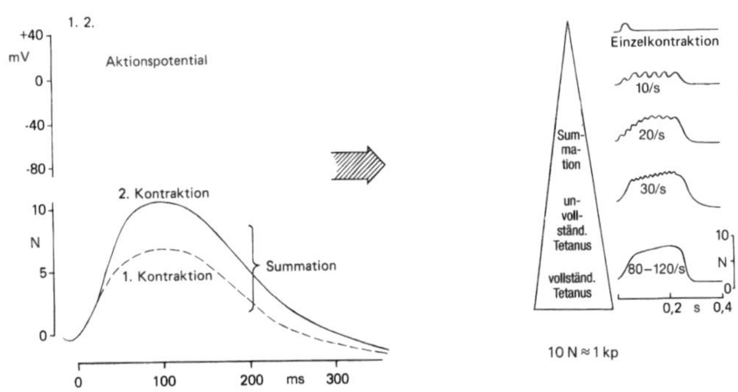

Abb. 18: Summation von Einzelkontraktionen (de Marées *1989, S. 55).*

5 Die motorische Einheit

Einzelne Muskelzellen können niemals allein zur Kontraktion gebracht werden, da die Nervenzelle im Rückenmark, die die Muskelfaser zur Kontraktion veranlaßt (das sogenannte Motoneuron), immer mehrere Muskelzellen kontrolliert. Die Nervenzelle mit allen von ihr befehligten Muskelzellen zusammen wird als **motorische Einheit** bezeichnet (vgl. Abb. 19). Die Nervenzelle mit ihren Fortsätzen ist ein **Neuron**. Kurze Fortsätze heißen **Dendriten**, die vor allem für den Empfang von Signalen anderer Neuronen zuständig sind. Die motorische Nervenfaser, die den Impuls des Motoneurons an die Muskelfasern weiterleitet, wird **Neurit** oder **Axon** genannt.

Die Zahl der Muskelzellen, die von einer motorischen Nervenzelle innerviert wird, kann sehr unterschiedlich sein und hängt im wesentlichen von der Aufgabe des Muskels ab. So werden z. B. in der Finger- oder Augenmuskulatur nur etwa fünf bis zehn Muskelzellen von einem Nerv gesteuert. Dies erlaubt fein dosierte und gut abgestimmte Einsätze der verschiedenen motorischen Einheiten und somit sehr präzise Bewegungen. In der Rückenstreckmuskulatur dagegen werden bis zu 2 000 Muskelzellen von einem Nerv gesteuert. Das ermöglicht keine feinmotorischen Bewegungen - die von den Rückenstreckern auch gar nicht verlangt werden -, erleichtert aber eine hohe Spannungsentwicklung, da viele Muskelzellen gleichzeitig aktiviert werden können.

Alle Zellen einer motorischen Einheit liegen im selben Muskel, können allerdings unterschiedlich verteilt sein. Sie gehören alle dem gleichen Muskelfasertyp an (rot/weiß), da diese Ausprägung stark vom Innervationsmuster abhängt. Jeder Muskel besteht aus vielen motorischen Einheiten, die jedoch niemals alle gleichzeitig innerviert werden können. Auch bei einer Dauerverkürzung des Muskels werden die motorischen Einheiten innerhalb des Muskels

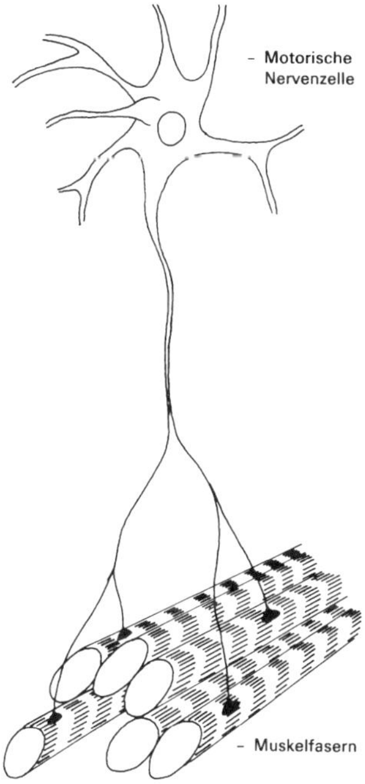

Abb. 19: Schematische Darstellung einer motorischen Einheit (Röthig u. a. Sportbiologie 1996, S. 14)

abwechselnd eingesetzt, um eine Ermüdung des neuromuskulären Systems zu vermeiden. Je nach Anforderung werden zusätzliche motorische Einheiten aktiviert, um die Spannung des Muskels zu erhalten oder zu erhöhen (vgl. Abb. 20).

Bei sehr hohen Kraftanforderungen, z. B. bei Krafttraining, wird die Zahl der eingesetzten motorischen Einheiten bis etwa 50 % der Maximalkraft erhöht. Man spricht von verstärkter Rekrutierung motorischer Einheiten. Zuerst werden dabei die kleinen ausdauernden Einheiten aktiviert. Bei höheren Kraftanforderungen werden die größeren, aber schneller ermüdenden Einheiten zugeschaltet. Sind bereits zahlreiche motorische Einheiten an der Muskelkontraktion beteiligt, erfolgt eine weitere Kraftsteigerung durch die zunehmende Frequenzierung, d. h. die Impulsfrequenz aus dem Motoneuron nimmt zu. Durch bestimmte Trainingsmethoden („intramuskuläres Koordinationstraining") ist es allerdings möglich, die Zahl der gleichzeitig eingesetzten Einheiten zu erhöhen und so die Kontraktionskraft zu vergrößern.

Eine motorische Einheit besteht aus der motorischen Nervenzelle im Rückenmark, ihren efferenten Nervenfasern und den von ihr versorgten Muskelfasern. Die Zahl der innervierten Muskelfasern schwankt zwischen 10 und 2 000. Alle Muskelfasern, die von einer Nervenzelle versorgt werden, werden immer gleichzeitig aktiviert.

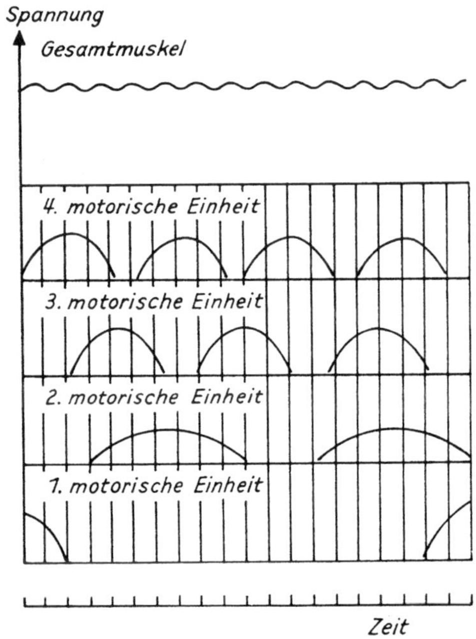

Abb. 20: Verschiedene Rekrutierungsmuster motorischer Einheiten ergeben eine anforderungsgerechte gleichbleibende Spannung des Gesamtmuskels (BADTKE u. a. 1995, S. 33).

6 Die Muskelfasertypen

Alle Skelettmuskeln des Menschen setzen sich aus zwei Grundtypen zusammen, den langsam zuckenden ST-Fasern (slow-twitch-fibres) und den schnell zuckenden FT-Fasern (fast-twitch-fibres). Die FT-Fasern unterscheiden sich noch nach ihren Stoffwechseleigenschaften in eher aerob arbeitende FTO-Fasern und anaerob arbeitende FTG-Fasern. Die Fasertypenverteilung ist grundsätzlich genetisch festgelegt, d. h. typische Ausdauersportler besitzen mehr ST-Fasern, Schnellkraftsportler weisen einen erhöhten Anteil an FT-Fasern auf (siehe Abb. 21). Beim Durchschnittsmenschen ergibt sich eine Faserverteilung von ungefähr 50 % FT und 50 % ST-Fasern.
Die wichtigsten Merkmale der verschiedenen Fasertypen sind in Tabelle 1 zusammengefaßt. Dabei ist zu sehen, daß die ST-Fasern von kleineren Motoneuronen gesteuert werden, die auch entsprechend langsamere Impulsfrequenzen aussenden. Da die Reizschwelle dieser Fasern relativ niedrig ist, werden sie bei geringen Krafteinsätzen aktiviert, können aber auch weniger Kraft entfalten. Aufgrund ihrer günstigen enzymatischen Ausstattung und ihrer hohen Energiereserven sind sie kaum ermüdbar und deshalb für Ausdauerleistungen und Einsätze mit wenig Kraftaufwand geeignet.
Die FTG-Fasern, also die schnellen Muskelfasern, mit einem vorwiegend anaeroben Stoffwechsel, bilden das genaue Gegenstück. Ihre großen Motoneurone senden sehr schnelle Impulsfolgen, haben aber eine hohe Reizschwelle, d. h. sie werden nur bei hohen Krafteinsätzen oder schnellen Bewegungen aktiviert. Da ihr Stoffwechsel ausschließlich anaerob abläuft, ermüden sie rasch.
Eine Mittelstellung nehmen die FTO-Fasern ein, die deshalb auch als Intermediärfasern bezeichnet werden. Ihre Motoneurone sind größer als die der ST-Fasern und ihre Reizschwelle liegt höher. Dementsprechend können sie

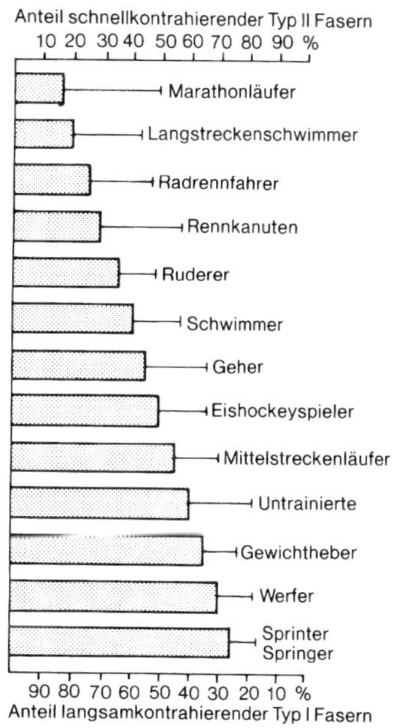

Abb. 21: Muskelfaserverteilungsmuster bei verschiedenen Sportarten. Große Bandbreite der Standardabweichungen (Röthig u. a. Sportbiologie, S. 19).

Bei den meisten Menschen sind die langsam zuckenden ST-Fasern und die schnell zuckenden FT-Fasern etwa im Verhältnis 50:50 gemischt.

Tab. 1: Die wesentlichen Merkmale der einzelnen Muskelfasertypen (nach Badtke 1987, S. 35).

ST-Faser	***FT-Fasern*** ***FTO***	***FTG***
Langsam kontrahierend Kontraktionsdauer 75 ms	*schnell* *30 ms*	*sehr schnell kontrahierend 20 ms*
wenig Kraft pro Kontraktion	*kräftige Kontraktion*	*sehr große Kraft pro Kontraktion*
Zugspannungsfaktor 1	*Faktor 4*	*Faktor 12*
ermüdungsresistent	*ermüdbar*	*schnell ermüdet*
kleine Motoneuronen kleine motorische Endplatten Reizschwellen niedrig	*große Motoneuronen größere* *höher*	*große motorische Endplatten hoch*
sehr viele Mitochondrien	*viele*	*wenig*
sehr viel Myoglobin sehr viele Kapillaren	*mäßig viel viele*	*wenig wenig*
wenig Phosphagene Myosin-ATP-ase Aktivität gering	*viele* *hoch*	*sehr viele* *sehr hoch*
viel Fett und KH	*viel KH*	*sehr viel KH gespeichert*
mit hochaktiven Enzymen des aerpbem Fett- und KH-Stoffwechsels ausgestattet	*mit Enzymen des aeroben und anaeroben Stoffwechsels versehen*	*Dominanz von Enzymen des anaeroben Stoffwechsels*

auch mehr Kraft entwickeln, allerdings weniger als die FTG-Fasern. Ihr Stoffwechsel kann sowohl aerob als auch anaerob ablaufen, so daß sie nicht so schnell ermüden wie die FTG-Fasern. Ihr Einsatzbereich sind mittlere Kraftleistungen und Schnellkraftaktivitäten über einen längeren Zeitraum. Es besteht grundsätzlich ein fließender Übergang zwischen den verschiedenen Fasertypen, deren Charakterisierung und Einteilung in der Wissenschaft nicht unumstritten ist.

Der Einsatz der verschiedenen Fasertypen

Der Einsatz der verschiedenen Muskelfasertypen bei sportlichen Belastungen ist kaum meßbar, da ein direkter Zugang zum Muskel während sportlicher Betätigung nicht

möglich ist. Aus dem Verlauf von Kraft-Zeit-Kurven kann aber auf die unterschiedliche Ansteuerung der verschiedenen Muskelfasertypen geschlossen werden. Manche Kraft-Zeit-Kurven zeigen einen sehr steilen und hohen Anstieg und einen ebenso schnellen Abfall der Kurve. Hier kommen FT-Fasern zum Einsatz, die von entsprechend großen Motoneuronen gesteuert werden.
Bei geringem Krafteinsatz steigt die Kurve flacher an und ihr Kraftmaximum liegt deutlich tiefer, was auf einen ST-Fasereinsatz schließen läßt. Die Kraft-Zeit-Kurve der FTO-Fasern liegt in der Mitte zwischen den beiden Extremen (siehe Abb. 22). Mißt man dagegen den Ermüdungs-Zeit-Verlauf der verschiedenen Fasertypen, findet man bei den ST-Fasern praktisch keine Ermüdung, auch nicht bei sehr langen Belastungen. Die FTG-Fasern ermüden dagegen bereits in den ersten zwei Minuten, die FTO-Fasern etwas später, und sie zeigen einen weniger ausgeprägten Leistungsabfall. Aufgrund der Charakteristika der Fasertypen kann folgende Aktivierung angenommen werden:

Fasereinsatz bei steigendem Kraftbedarf

Man nimmt an, daß bei einem Einsatz bis zu 40 % der Maximalkraft überwiegend rote Fasern rekrutiert werden. Bei höheren Widerständen werden allmählich FTO, dann FTG-Fasern zugeschaltet, bis die maximale Leistung er-

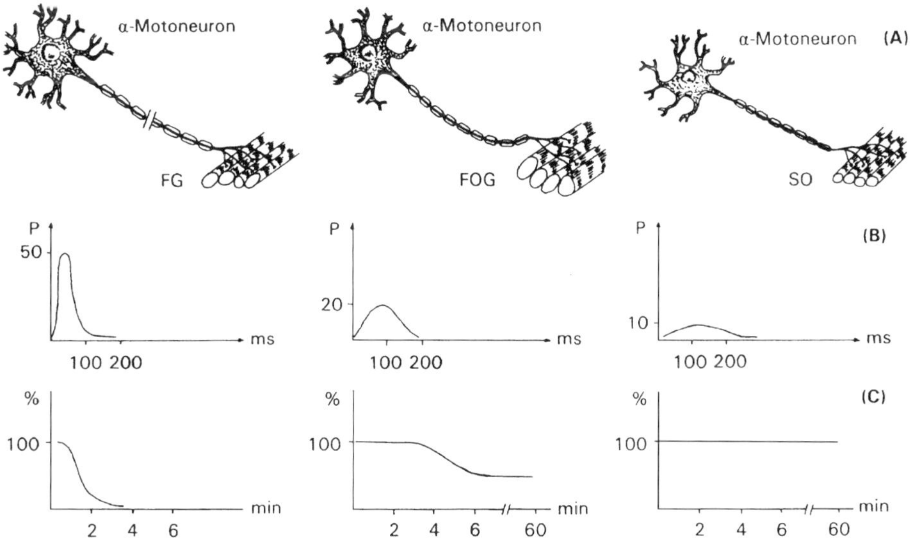

Abb. 22: Charakteristisches (A) zum Bau, (B) dem Kraft-Zeit-Verlauf und (C) dem Leistungsverlauf (Ermüdungsverlauf) der verschiedenen Muskelfasertypen (Röthig u. a. Trainingslehre, S. 85).

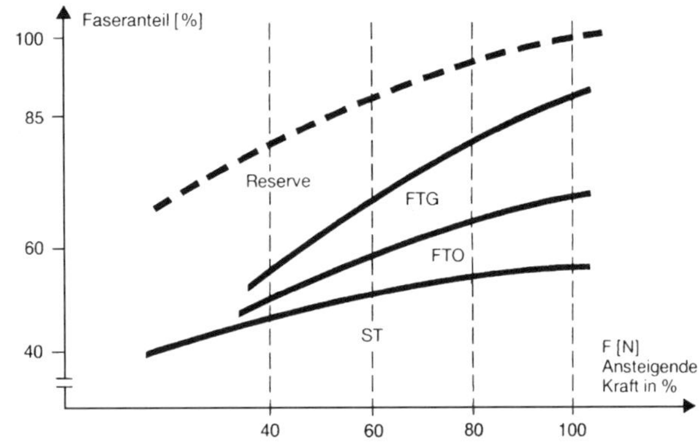

Abb. 23: Möglicher Fasereinsatz bei langsamen Bewegungen und ansteigender Kraftrealisierung (Ehlenz u. a., S. 39).

Wie ist eine Verstärkung der Kontraktionskraft des Muskels möglich?
1. Durch Rekrutierung, d. h. durch Einbeziehung möglichst vieler motorischer Einheiten in den Kontraktionsvorgang („intramuskuläre Koordination"),
2. durch Frequenzierung, d. h. durch Erhöhung der Impulsfrequenz aus den Motoneuronen.

reicht ist (siehe Abb. 23). Meist geht diese nicht über 90 % des Muskelpotentials hinaus, da nie alle Fasern gleichzeitg aktiviert werden können. Man spricht hier von der sogenannten „Faserreserve", die vermutlich einen Schutzmechanismus darstellt. Untrainierte erreichen die 90 %-Marke nicht annähernd, sie können ihr Faserpotential meist nur zu 60 bis 70 % ausnützen. Die individuelle Ausnützung des Faserpotentials kann durch Training beeinflußt werden: Je besser die gleichzeitige Rekrutierung vieler motorischer Einheiten gelingt, desto höher ist der erreichbare Kraftbetrag. Man erreicht dies durch ein Training mit sehr hohen Lasten, wodurch sich die sogenannte intramuskuläre Koordination verbessert.

Verschiebung des Faserspektrums

Durch gezielte Beanspruchung ist eine Verschiebung des Faserspektrums in die eine oder andere Richtung möglich. Durch verstärktes Ausdauertraining können z. B. die Stoffwechseleigenschaften der Muskulatur in Richtung des oxidativen Stoffwechsels verschoben werden, der prozentuale Anteil der ST-Fasern vermehrt sich. Bei verstärktem Maximalkraft- und Schnelligkeitstraining verschiebt sich das FT-Faserspektrum in Richtung FTG-Fasern, die Ausdauerleistungsfähigkeit läßt nach. Die Anpassungsreaktionen der verschiedenen Muskelfasertypen sind in Tabelle 2 zusammengefaßt.

Alle Anpassungen sind jedoch keine dauerhafte Umwandlung, sondern eine reversible, d. h. umkehrbare Anpassung. Nach Absetzen des Spezialtrainings zeigt sich wieder das genetisch angelegte Muster. Beim Großteil der Normalbevölkerung kann man von einem Mischungsverhältnis von FT- und ST-Fasern von 50 zu 50 ausgehen. Für Spitzenleistungen kommen aber nur Athleten in Frage, die

Anpassungsreaktion

Tab. 2: Anpassungreaktion der Muskelfasertypen auf spezifische Belastungsreize (Zintl 1988, S. 71)

Training von Schnelligkeit, Schnellkraft und Maximalkraft	***Training von Kraftausdauer, Ausdauer***
• Flächenvergrößerung der FT-Fasern wegen Vermehrung der kontraktilen Elemente	*• Vermehrung und Vergrößerung der Mitochondrien*
• Vermehrung der anaeroben Enzyme im Zellplasma	*• Vermehrung der aeroben Enzyme in den Mitochonrien*
• Glykogenvermehrung in den FT-Fasern	*• Myoglobinvermehrung*
• metabolische Differenzierung der FT-Fasern in Richtung FTG-Fasern	*• Glykogenvermehrung in den ST-Fasern*
• Abnahme der Mitochondrien	*• metabolische Differenzierung der FT-Fasern in Richtung FTO-Fasern*
• Rückgang der Kapillarisierung (Kapillarenzahl pro Faser)	*• Zunahme der Kapillarisierung (Kapillarenzahl pro Faser, erhöhte Durchlässigkeit der Kapillarwand, Schlängelung)*
• Zunahme der Diffusionsstrecke für Sauerstoff durch Hypertrophie	*• Abnahme der Diffusionsstrecke für Sauerstoff*

anlagebedingt einen sehr hohen Anteil von Spezialfasern haben. Der geborene Sprinter hat einen sehr hohen FT-Anteil, der Weltklasse-Ausdauersportler besitzt genetisch festgelegt bis zu 90 % ST-Fasern.
Manche Autoren gehen auch von einer Funktionsbezogenheit der Muskelfasern aus, d. h. eher haltende Muskeln sollen dem ST-Fasertyp angehören, Bewegungsmuskeln eher dem FT-Fasertyp. Diese Zuordnung wird aber sehr kontrovers diskutiert, da unterschiedliche Meßergebnisse vorliegen. So konnten z. B. Johnson et al. (1973) eine große interindividuelle Spannbreite bei der Faserzusammensetzung der Rückenstreckmuskulatur finden. Bei ihren Untersuchungen an männlichen Leichen fanden sie im oberflächlichen Strang der Rückenstrecker zwischen 26,7 % und 100 % ST-Fasern, im tiefen Strang zwischen 34,0 % und 88,6 %. Neben den individuellen Unterschieden scheint daher auch die Entnahmestelle eine große Rolle zu spielen. Andere Autoren kamen zu ähnlichen Ergebnissen (vgl. Denner 1995). Grundsätzlich ist die Zuordnung bestimmter Muskeln zu einem bestimmten Fasertyp also nicht ohne weiteres möglich, einzig individuelle Messungen geben einen eindeutigen Aufschluß.

Die Verteilung der verschiedenen Muskelfasertypen hängt von den genetischen Voraussetzungen der ausgeübten Sportart, aber auch von der Funktion des jeweiligen Muskels ab. Auf niedrigem Leistungsniveau können alle motorischen Eigenschaften nebeneinander entwickelt werden. Auf hohem Leistungsniveau können sie sich gegenseitig (negativ) beeinflussen. Eine Verschiebung des Faserspektrums, v. a. in Richtung der langsamen Fasern, kann durch entsprechende Trainingsmaßnahmen erfolgen.

7 Biomechanische Aspekte

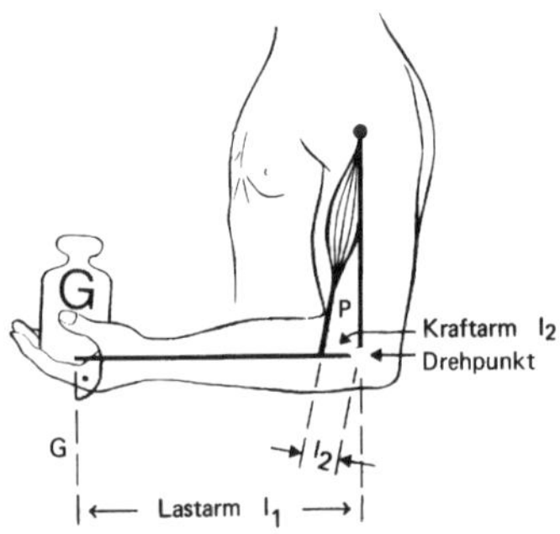

Abb. 24: Der Unterarm als einarmiger Hebel (DE MAREES 1989, S. 109).

Lastarm: Wirkungslinie der Last in senkrechtem Abstand zur Drehachse.
Kraftarm: Wirkungslinie des Muskels in senkrechtem Abstand zur Drehachse.

Um besser verstehen zu können, welche Kräfte ein Muskel beim Heben einer Last aufbringen muß, ist die Wirkungsweise des Hebelgesetzes von grundlegender Bedeutung. Ein Hebel ist dabei eine Stange, die sich um eine Drehachse dreht und dabei ein sogenanntes Drehmoment erzeugt. In Abbildung 24 ist der Lastarm l_1 zu sehen, der als rechtwinkliger Abstand zwischen der Wirkungslinie des Muskels und der momentanen Drehachse definiert ist. Das Drehmoment der Last in diesem Beispiel läßt sich folgendermaßen berechnen: Wiegt die Last G 10 kg, so wirkt eine Kraft von ca. 100 Newton Richtung Boden. Bei einer Hebellänge von 30 cm beträgt das Drehmoment der Last $M = 100\ N \times 0{,}3\ m = 30\ Nm$. Um das Gewicht im Gleichgewicht zu halten muß das entgegengesetzte Drehmoment der Kraft genau so groß sein, denn es gilt das Hebelgesetz: „Am Hebel herrscht Gleichgewicht, wenn das Drehmoment der Last gleich dem Drehmoment der Kraft ist".
Bei einem angenommenen Abstand des Kraftarms l_2 vom Drehpunkt von 3 cm muß eine Kraft von 1 000 Newton aufgebracht werden, damit die Kugel nicht herunterfällt. Die Länge des Kraftarms besteht dabei aus der Entfernung der Wirkungslinie des M. biceps vom Drehpunkt Ellbogen. Aus der Gleichung Kraft mal Kraftarm = Last mal Lastarm ergibt sich nach der Kraft aufgelöst: Kraft = Last (100 N) × Lastarm (0,3 m) geteilt durch Kraftarm (0,03 m) = Last × 10 = 1 000 N. Da der Lastarm zehnmal so lang ist wie der Kraftarm, muß der Muskel eine zehnfache Kraft aufbringen, um der Gewichtskraft entgegenwirken zu können (s. Abb. 25).
Zu den Maßeinheiten: Wiegt ein Körper 10 Kilogramm ist die Anziehungskraft der Erde auf den Körper 10 Kilopond (kp) oder 100 Newton (N). Exakt gerechnet entspricht ein kp dabei 9,81 Newton, die Aufrundung erfolgt nur aus Gründen der Vereinfachung.

Hebelgesetz

$$\text{Kraft} = \frac{\text{Last} \times \text{Lastarm}}{\text{Kraftarm}} = \frac{100\ \text{N} \times 0{,}3\ \text{m}}{0{,}03\ \text{m}} = 1\,000\ \text{N}$$

Abb. 25: Drehmoment am Ellbogen beim Halten eines 10 kg schweren Gewichts: Kraft des M. biceps = Last in der Hand × Lastarm (0,3 m) geteilt durch Kraftarm (0, 03 m) = Last × 10 = 1 000 N

Bei einer zunehmenden Beugung im Ellbogengelenk verkürzt sich der Lastarm, d. h. der senkrechte Abstand zwischen Wirkungslinie der Last und dem Drehpunkt; der Kraftarm wird länger (vgl. Abb. 26). Bei konstanter Last L verkürzt sich der M. biceps von Stellung 1 nach Stellung 2. In Stellung 2 ist der Lastarm a_2 kleiner als der Lastarm a_1 in Stellung 1. Dafür wird der Kraftarm b_2 größer als der Kraftarm b_1 in Stellung 1, d. h. das Drehmoment der Kraft wird größer.

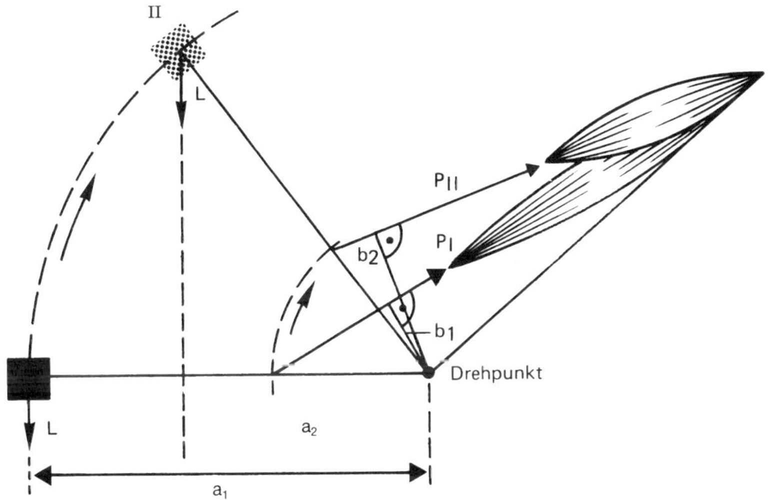

Abb. 26: Änderung der Drehmomente bei der Beugung im Ellbogengelenk. Der M. biceps verkürzt sich von Stellung I nach II bei konstanter Last L. Obwohl die Muskelverkürzung zur Verbesserung der Anschaulichkeit zu groß gezeichnet ist, wird deutlich: Kleine Muskelverkürzung ⇨ großer Bewegungsausschlag der Last. In Stellung II (gebeugt) ist der Lastarm a_2 kleiner, der Kraftarm b_2 größer als in Stellung I; d. h., das Drehmoment der Last $D_L = L \times a_1$ wird kleiner, das Drehmoment der Kraft $D_K = P_{II} \times b_2$ wird größer (günstigeres Hebelverhältnis) (de Marees 1989, S. 110).

Beispiele aus der Praxis

Eines der empfindlichsten Gelenksysteme des Körpers ist die Wirbelsäule, die nicht nur im Sport hohen Belastungen ausgesetzt ist. Schon bei alltäglichen Beanspruchungen wie Stehen, Gehen oder Sitzen ist sie erheblichen Druckbelastungen ausgesetzt. Vor allem die Zwischenwirbelscheiben, die sogenannten Bandscheiben, werden durch das Gewicht der über ihnen liegenden Körpermasse zusammengepreßt. Um eine möglichst geringe Belastung der Bandscheiben zu erreichen, muß beim Heben einer Last darauf geachtet werden, daß das Gewicht nahe am Körperschwerpunkt nach oben gebracht und der Rücken dabei gerade gehalten wird. Beim Heben des Gewichts mit rundem Rücken werden die Bandscheiben unsymmetrisch belastet und die Gefahr der Sprengung des Faserrings der Bandscheibe, vor allem bei hohen Lasten, ist relativ groß.

Richtige Hebetechnik beim Aufheben einer Last
- Rücken gerade halten (zwecks gleichmäßiger Druckbelastung der Zwischenwirbelscheiben),
- Kopf hoch, Blick nach vorn gerichtet,
- Last dicht am Körper anheben (kurzer Lastarm),
- Vorspannung durch Anspannen der Bauchmuskulatur und Pressatmung (entlastet die Wirbelsäule).

Wie groß der Unterschied zwischen richtiger und falscher Hebetechnik ist, zeigt Abbildung 27: Statt 2 020 Newton bei symmetrischer Bandscheibenbelastung wirken 7 137 Newton einseitig auf die Bandscheibe, wenn mit einem „Rundrücken" eine Last von 50 kg gehoben wird. Die Belastung der Wirbelsäule kann durch Einsatz der Bauchmuskulatur weiter verringert werden. Durch Schließen der Atemwege („Pressen") und Anspannen der Bauchmuskulatur wird der gesamte Rumpf zu einer „blähbaren Struktur" gemacht, was zu einer erheblichen Entlastung der Wirbelsäule führt (siehe Abb. 28).

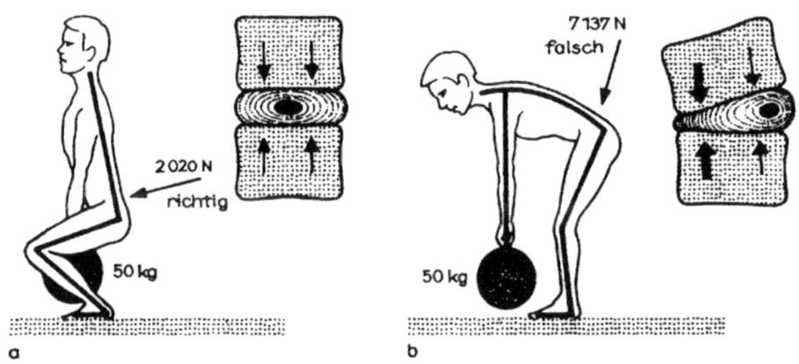

Abb. 27: a) Physiologische = ökonomische und symmetrische Bandscheibendruckbelastung bei der Gewichtsarbeit; b) Unphysiologische und asymmetrische Bandscheibendruckbelastung bei der Gewichtsarbeit (Schmidt 1988, S. 62).

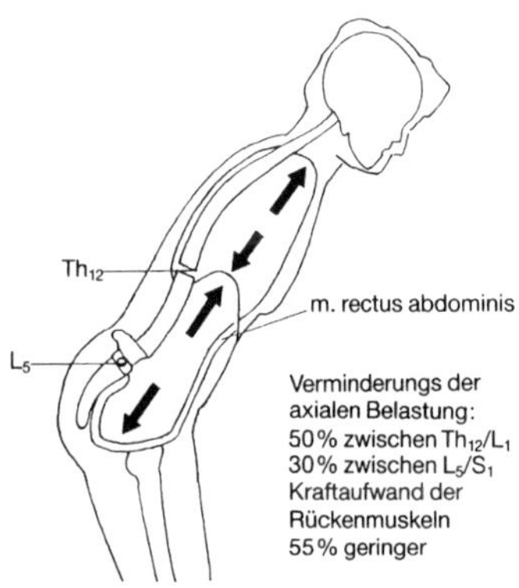

Abb. 28: Rumpf als „blähbare Struktur" zur Entlastung der Wirbelsäulenbeanspruchung (Grosser u. a. 1987, S. 152).

Nach Berechnungen von Kapandji (1984, S. 100) wird die Belastung zwischen dem 12. Brustwirbel und dem 1. Lendenwirbel um ca. 50 % reduziert. Zwischen dem 5. Lendenwirbel und dem Kreuzbein geht die Belastung um etwa 30 % zurück. Dies funktioniert natürlich nur bei entsprechend auftrainierter Bauchmuskulatur und zeigt die Bedeutung der Rumpfmuskulatur bei sämtlichen Hebetechniken.

Beispiele

Ein weiteres Beispiel für die Stabilisationsarbeit der Muskulatur zeigt Abbildung 29. Bei allen einbeinigen Belastungen, wie Gehen, Laufen oder Springen, müssen die Abduktoren des Standbeins die Hüfte so stabilisieren, daß sie nicht zur Seite abkippt. Dabei wirken schon beim Gehen Kräfte, die das 2,2fache des Körpergewichts betragen, beim Laufen oder Springen sind diese entsprechend höher. Ungenügend trainierte Abduktoren können nicht nur zu Fehlbelastungen auf das Becken führen, sondern z. B. auch eine kompensatorische Seitneigung der unteren Wirbelsäule hervorrufen und somit ganz andere Gelenke in Mitleidenschaft ziehen.

Die Bedeutung der Bauchmuskulatur für die Stabilisierung des Rückens bei bestimmten Übungen wird durch funktionell-anatomische Überlegungen deutlich: Bei einer Beugung der Hüfte mit gestreckten Beinen, wie sie z. B. beim „Klappmesser" oder beim Beinheben aus dem Hang an der Sprossenwand entsteht, wird ein sehr hohes Drehmoment der Last durch den Hebel Bein erzeugt. Bei einem angenommenen Gewicht der Beine von 30 kg und einer Entfernung des Beinschwerpunktes von 40 cm vom Drehpunkt Hüftgelenk, muß bei einem 5 cm langen Hebelarm der Hüftbeugemuskulatur ein Drehmoment von 2400 N erzeugt werden, um die Beine anzuheben (vgl. Wirhed 1988, S. 50). Von dieser Kraft sind etwa 1 900 N auf die Krümmung der Lendenwirbelsäule gerichtet, welcher wiederum die Bauchmuskulatur entgegenwirkt. Sind also die Bauchmuskeln zu schwach, um dem von den Beinen entwickelten Drehmoment entgegenzuwirken, so entsteht bei den oben genannten Übungen eine verstärkte Lordose im LWS-Bereich („Hohlkreuz"), was einen sehr hohen Druck auf einzelne Zwischenwirbelscheiben auslöst. (Diese werden außerdem einseitig belastet und können so leichter geschädigt werden; vgl. Abb. 27.) Deshalb sollten bei funktionellen Bauchmuskelübungen die Hüftbeugemuskeln (v. a. der M. illiopsoas) ausgeschaltet werden.

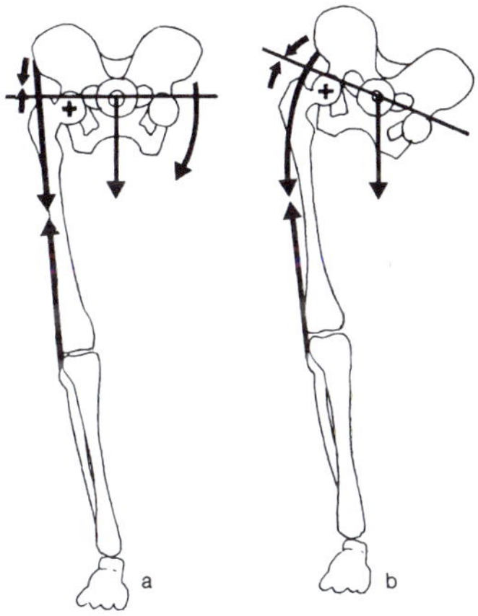

Abb. 29: a) Stabilisierung der waagrechten Stellung des Beckens im Einbeinstand durch die Abduktoren M. glutaeus medius und minimus und M. tensor fasciae latae; b) Abkippen des Beckens bei Insuffizienz der Abduktoren (Grosser u. a. 1987, S. 150).

8 Energiebereitstellung

Beim Krafttraining erfolgt die Energiebereitstellung anaerob. Je nach Belastungsdauer und Intensität kann dabei mehr oder weniger Laktat gebildet werden.

Neben der Steuerung der Muskelkontraktion durch Nervenimpulse spielt die Beanspruchung der verschiedenen Energiespeicher und ihre Regeneration (= Wiederauffüllung) nach einer Belastung eine wichtige Rolle. Bei Schnelligkeits- oder Schnellkraftleistungen werden Trainingseffekte nur in ausgeruhtem Zustand erzielt; deswegen ist die Regenerationsfähigkeit innerhalb einer Trainingseinheit oder zwischen den Trainingstagen ein nicht unwichtiger Faktor. Die Erholungsfähigkeit eines Muskels hängt stark von der aeroben Kapazität des Muskels, die ansonsten für das Krafttraining nur zweitrangig ist, ab.
Die Energiebereitstellung beim Krafttraining erfolgt zunächst auf anaerobem Wege, d. h. ohne Anwesenheit von Sauerstoff. Je nach Kontraktionsform der Muskulatur genügen schon leichte Muskelspannungen, um die anaerobe Energiebereitstellung zu beanspruchen (vgl. Tab. 3).

Tab. 3: Energiebereitstellung in Abhängigkeit von der Arbeitsweise der Skelettmuskulatur.

Arbeitsweise	***Muskelspannung in % der maximalen Spannung***			
statisch	*- 15 %*	*15–30 %*	*30–50 %*	*> 50 %*
dynamisch	*-25/30 %*	*30–50 %*	*50–70 %*	*> 70 %*
		Energiebereitstellung		
	↓	↓	↓	↓
	aerob	*dominant aerob*	*dominant aerob*	*anaerob*

Energiespeicher

Tab. 4: Energiespeicher der Muskelzelle.

	Substrat	**Menge in Phosphatresten (-P) pro kg Muskel**	**maximale Einsatzdauer**
1. Speicher	*ATP Adenosintriphosphat*	*ca. 6 mmol*	*(theoretisch) 2–3 s*
2. Speicher	*KrP Kreatinphosphat*	*ca. 20–25 mmol*	*–*
	Phosphatspeicher insgesamt (Phosphagen)	*ca. 30 mmol*	*7–10 s (20 s)*
3. Speicher	*Glykogen (Glukose)*	*ca. 270 mmol* *ca 3 000 mmol*	*(anaerober Abbau) 45–90 s* *(aerober Abbau) 45–90 min*
4. Speicher	*Triglyzeride (Fette)*	*ca. 50 000 mmol*	*mehrere Stunden*

Der Körper besitzt insgesamt vier Energiespeicher, die für die Muskelkontraktion von Bedeutung sind:

1. Das Adenosintriphosphat,
2. das Kreatinphosphat,
3. die Kohlenhydrate (in seiner gespeicherten Form Glykogen) und
4. die freien Fettsäuren, die aus den Fettspeichern stammen.

Die Eiweiße spielen im Betriebsstoffwechsel nur bei Extrembelastungen eine Rolle und können hier vernachlässigt werden (siehe Tab. 4).
Überragende Bedeutung hat zunächst das Adenosintriphosphat (ATP) als direkter Energielieferant der Muskelkontraktion (siehe Abb. 30). Mit der Abspaltung eines Phosphatrestes vom ATP wird Energie freigesetzt, die das

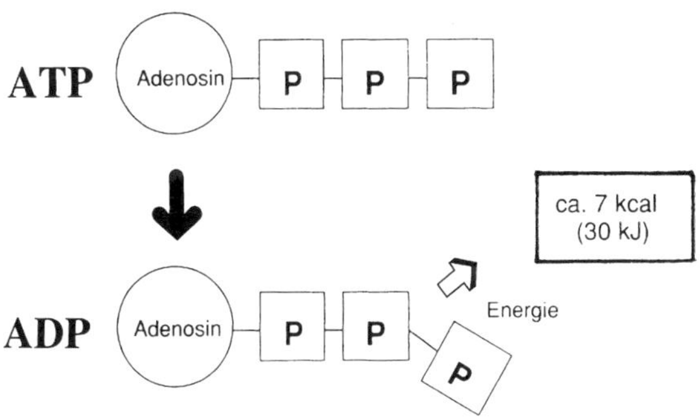

$$ATP + H_2O \xrightarrow{\text{Myosin - ATP - ase}} ADP + P$$

Abb. 30: Energiebereitstellung beim Abbau von Adenosintriphosphat (ATP) in Adenosindiphosphat (ADP) mit dem zugehörigen Enzym (hydrolytische Spaltung des ATP) (nach ZINTL 1988, S. 42).

Der wichtigste Energieträger des Körpers ist das Adenosintriphosphat (ATP). Bei Umwandlung von ATP kann die freiwerdende Energie in andere Energieformen (z.B. in mechanische Energie oder in Wärme) umgewandelt werden.

Abkippen des Myosinköpfchens nach seiner Anheftung an das Aktinmolekül ermöglicht. Zur Lösung des Myosins vom Aktinmolekül (Greif-Loslaß-Zyklus) wird ebenfalls Energie aus der ATP-Spaltung benötigt, sonst blieben die beiden Moleküle aneinander geheftet. Dies ergäbe die Situation des Muskel-Rigor (= Muskelstarre). Man spricht deshalb auch von der „Weichmacherwirkung" des ATP, da es die Querbrücken des Aktin-Myosin-Komplexes wieder aufzulösen hilft (vgl. auch Kap. 3).

Da in der Muskelzelle nur für etwa drei bis vier Kontraktionen ATP gespeichert ist, muß möglichst schnell Energie nachgeliefert werden, so daß aus dem übriggebliebenen ADP und dem Phosphatrest wieder ATP aufgebaut werden kann. Die in Abbildung 31 gezeigte Reaktion wird unter Energiezufuhr umgekehrt, ATP wird resynthetisiert. Die Abbildung zeigt die vier energieliefernden Prozesse, die eine Wiederherstellung des ATP-Speichers ermöglichen. Je nach Dauer und Intensität der Muskelkontraktion kommt einer dieser Prozesse zum Einsatz, so daß der ATP-Spiegel im Muskel auch bei hohen Belastungen immer auf der gleichen Höhe bleibt.

Der erste Weg, um ATP wiederaufzubauen, führt über das Kreatinphosphat (KP), das bei maximalen Belastungen bis zu 10 Sekunden Energie liefert. Bei submaximalen Belastungen reicht dieser Speicher bis zu einer Dauer von etwa 20 Sekunden aus. Das KP ermöglicht die Wiederauffüllung des ATP-Speichers bei kurzen Belastungen ohne die Entstehung von Milchsäure (Laktat), deshalb wird dieser Prozeß anaerob-alaktazid genannt. Bei längeren Belastungen wird zunehmend der Glykogenspeicher zur Energiebereitstellung herangezogen. Glykogen ist die Speicherform der

Abb. 31: Vereinfachte Darstellung der Energienachschub-Reaktionen für die ATP-Resynthese (nach Zintl 1988, S. 44)

1. Anaerob-alaktazider Prozeß: *Kreatinphosphat (KrP) + Adenosindiphosphat (ADP) ⇨ Kreatin (Kr) + Adenosintriphosphat (ATP)*
2. Anaerob-laktazider Prozeß (= anaerobe Glykolyse) *Glucose ⇨ Laktat (Lac) + ATP*
3. Aerober Prozeß (= aerobe Glykolyse, oxidativer Glykogenabbau): *Glucose (Glykogen) + O_2 ⇨ CO_2 + H2O + ATP*
4. Aerober Prozeß (= Lipolyse, oxidativer Fettabbau): *freie Fettsäuren (FFS) + O_2 ⇨ CO_2 + H_2O + ATP*

Kohlenhydrate. Es gibt zwei verschiedene Speicher, nämlich das Leberglykogen, das vor allem der Versorgung des Zentralnervensystems (ZNS) dient und das Muskelglykogen, das für die Muskelkontraktion zur Verfügung steht. Das Glykogen kann auf zwei Wegen abgebaut werden:

1. Auf anaerobem Weg, d. h. ohne Vorhandensein von Sauerstoff, mit dem Stoffwechselendprodukt Laktat (= anaerobe Glykolyse).
2. Auf aerobem Weg, also mit Sauerstoff, und den Endprodukten Kohlendioxid und Wasser (= oxidativer Glykogenabbau).

Die anaerobe Energiebereitstellung hat eine maximale Einsatzdauer von 90 Sekunden bis 2 Minuten, da das anfallende Laktat die Muskelkontraktion hemmt und schließlich zu einem Abbruch der Belastung zwingt. Der Athlet wird „sauer", d. h. seine beanspruchte Muskulatur wird „schwer" und ist nicht mehr leistungsfähig. Bei längeren Belastungen als zwei Minuten wird zunehmend der aerobe Weg des Glykogenabbaus beschritten, d. h. Glykogen wird unter Sauerstoffverbrauch „verbrannt". Die Belastungsdauer kann so auf eine Stunde und mehr ausgedehnt werden, allerdings muß die Übungsintensität eingeschränkt werden.
Bei deutlich über einer Stunde liegenden Belastungen kommen zunehmend die Triglyceride zum Einsatz, die in freie Fettsäuren und Glycerol aufgespalten und dann unter Sauerstoffverbrauch abgebaut werden (= Lipolyse). Diese Energiereserven reichen auch für mehrstündige Belastungen aus (Marathon, Triathlon) und sind praktisch uner-

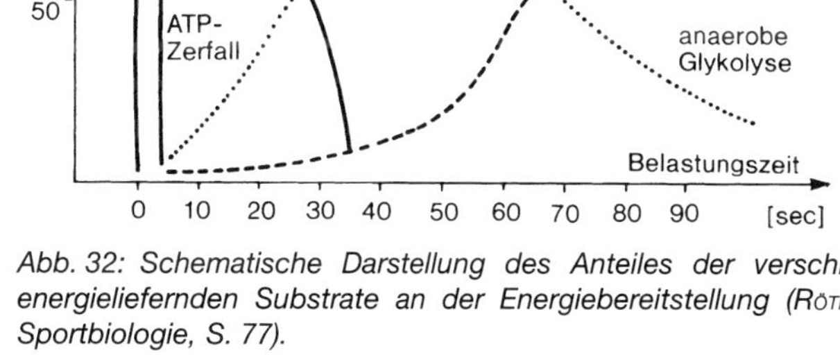

Abb. 32: Schematische Darstellung des Anteiles der verschiedenen energieliefernden Substrate an der Energiebereitstellung (Röthig u. a. Sportbiologie, S. 77).

Tab. 5: Energetische Flußraten (maximale Geschwindigkeit der Energiefreisetzung) bei verschiedenen Formen der Energiebereitstellung (in Mikromol/Gramm Substrat/Sek.).

Substrat und Abbauart	***Max. Flußrate Mikromol/g/s***	***Durchsatz in % des Maximums (Verfügbarkeit)***	***Maximale Einsatzsatzdauer***
ATP, KrP anaerob-alaktazid	*1,6-3,0*	*100*	*7-10 s*
Glykogen anaerob-laktazid	*1,0*	*30*	*40-90 s*
Glykogen aerob	*0,5*	*15*	*60-90 s*
Fettsäuren aerob	*0,25*	*7,5*	*Stunden*

schöpflich. Die Intensität dieser Belastungen ist allerdings sehr gering und reicht z. B. für ein Krafttraining nicht aus. Die Abfolge der einzelnen energieliefernden Prozesse entsprechend der zeitlichen Dauer einer sportlichen Belastung sind in Abbildung 32 noch einmal dargestellt.
Neben der Gesamtmenge an Energie ist bei den meisten sportlichen Belastungen die Energieflußrate von Bedeutung, d. h. die pro Zeiteinheit umgesetzte Energiemenge. Beim Vergleich der verschiedenen Energiespeicher zeigt sich, daß der anaerobe Glykogenabbau ungefähr dreimal langsamer vonstatten geht als der Abbau der energiereichen Phosphate. Die aerobe Glykogenverwertung wiederum ist sechsmal langsamer, der Fettabbau zwölfmal langsamer als der Phosphatabbau (bezogen jeweils auf die gleiche Zeiteinheit, z. B. pro Sekunde). Das bedeutet, daß bei kurzen, hochintensiven Belastungen wie Sprint- oder Krafttraining zunächst immer die alaktaziden Speicher entleert werden, weil nur so die zur Muskelkontraktion benötigte Energie schnell genug bereitgestellt werden kann. Tabelle 5 zeigt die maximale Einsatzdauer, sowie die maximale Energieflußrate der verschiedenen Substrate.

Die Bedeutung der aeroben Ausdauer für Kraftsportler

Die aerobe Ausdauer hat ihre Hauptbedeutung für Sportler, die längere Belastungen eingehen, also für Ausdauersportler. Aber auch Athleten, die im Schnelligkeits- oder Kraftbereich trainieren, sollten ein gewisses Maß an Ausdauer besitzen, um ihr Trainingspensum besser absolvieren zu können. Erstens vergrößern sich die, auch für das

Regenerationszeiten

Krafttraining wichtigen Glykogenspeicher durch das Ausdauertraining, zweitens verbessert sich die Erholungsfähigkeit des Muskels, wodurch die Trainingsbelastung erhöht werden kann.
Neben der allgemeinen Ausdauer, die auch die Leistungsfähigkeit des Herz-Kreislauf-Systems erhöht, ist für den Kraftsportler die lokale Muskelausdauer von Bedeutung, d. h. die aerobe Ausdauer der beanspruchten Muskulatur. Durch ein entsprechendes Training können folgende Anpassungen der Muskulatur erreicht werden:

1. Erhöhte Kapillarisierung, d. h. die Neubildung der haarfeinen Gefäße, in denen der Sauerstoff- und Nährstoffaustausch stattfindet.
2. Bessere Blutversorgung des Muskels durch die Erweiterung der Gefäße.
3. Zunahme des Myoglobingehaltes der Muskelzelle (Myoglobin bindet den Sauerstoff in der Zelle).
4. Zunahme der Mitochondrienzahl und -größe und dadurch die Zunahme der Menge an aeroben Enzymen, die für den Stoffwechsel benötigt werden.

Die Bedeutung der aeroben Ausdauer und die Regenerationsfähigkeit:
Jeder Muskel sollte auch aerob trainiert werden. Durch die bessere Durchblutung erhöht sich die Belastbarkeit und die Regenerationszeit wird kürzer. Die Serienpause beim Krafttraining sollte aktiv gestaltet werden, um den Laktatabbau zu beschleunigen.

Durch diese Anpassungen verbessern sich die Regenerationsbedingungen der Muskulatur beim Kraftsportler. Da Krafttraining immer mit anaerober Energiebereitstellung verbunden ist, kann es sehr leicht zur Ansammlung von Laktat im Muskel kommen. Der ausdauertrainierte Muskel kann dieses Laktat teilweise selbst verwerten, d. h. in seinen Mitochondrien abbauen oder über den Blutkreislauf ausschwemmen. Dort gelangt es dann zum Herzmuskel, der es zu Kohlendioxid und Wasser abbaut und dabei noch Energie gewinnt. Diese Mechanismen funktionieren bei einem aerob gut trainierten Muskel besser und verkürzen so die Erholungszeiten. Tabelle 6 zeigt die ungefähren Regenerationszeiten nach Kraftbelastungen, die auch für die Übungen der Funktionellen Gymnastik gelten.

Tab. 6: Mögliche Regenerationszeiten nach Kraftbelastungen.

	Regeneratioszeiten zwischen Sätzen	***Regenerationszeiten zwischen Trainingseinheiten***
Anfänger	*2-5 Minuten*	*ca. 12-24 Stunden*
Leistungs- und Höchstleistungssportler	*1-2 Minuten*	*ca. 6-8 Stunden*

Anmerkung: Diese Zeiten gelten für eine etwa 90 %ige Regeneration; vollständige Erholungen dauern wesentlich länger - bei Anfängern z. B. nach einer anstrengenden Trainingseinheit bis zu 84 Stunden.

Die Beschleunigung der Regeneration

Die Erholungsfähigkeit kann durch aktive Maßnahmen noch beschleunigt werden. Wichtig ist dies vor allem bei Trainingsformen, die zu einer Laktatbildung führen wie z. B. Muskelaufbautraining mit 12 bis 15 Wiederholungen oder Kraftausdauertraining mit mehr als 15 Wiederholungen. Vor allem bei hohen Übersäuerungen führt eine aktive Pausengestaltung, also leichtes kreislaufanregendes Bewegen, zu einer schnelleren Laktateliminierung (vgl. auch Abb. 33). Laktat kann außer im Herzmuskel (siehe oben) auch in der geringer belasteten Muskulatur oder in der Leber verwertet werden, wo es wieder zu Glykogen aufgebaut wird. Bei intensivem Kraftausdauertraining können trotzdem Regenerationszeiten von 10 bis 15 Minuten notwendig sein.

Unter Erholungsgesichtspunkten sind Stretching-Übungen – im Gegensatz zum richtig durchgeführten aktiv-dynamischen Dehnen – weniger empfehlenswert.

Weniger empfehlenswert unter Erholungsgesichtspunkten scheint dagegen gehaltenes Dehnen, das sogenannte „Stretching" zu sein. Durch diese Dehnart verschlechtern sich die Durchblutungsbedingungen des Muskels und die Regenerationszeiten verlängern sich. Ein richtig durchgeführtes aktiv-dynamisches Dehnen regt dagegen den Blutfluß in der Muskulatur an und erleichtert somit den Abtransport saurer Stoffwechselendprodukte, was die Regenerationszeiten zwischen den einzelnen Trainingseinheiten verkürzt. Am besten kann die Regeneration aber durch extensive Ganzkörperübungen (z. B. Laufen oder Radfahren) beschleunigt werden.

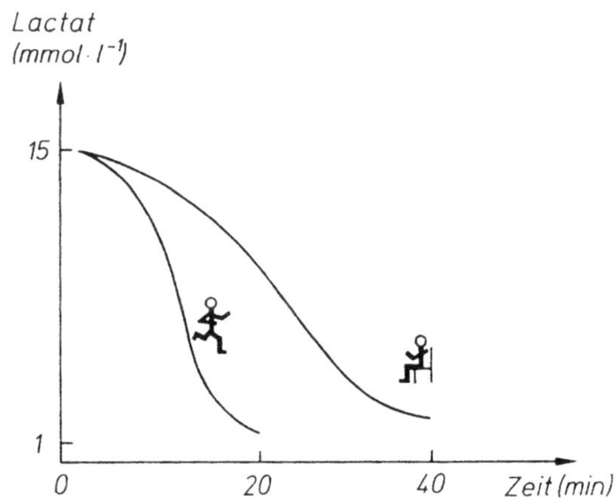

Abb. 33: Die Abnahmequote der Milchsäure aus dem Blut (und Gewebe) richtet sich nach der Gestaltung der Nachbelastungsphase. Aktive Gestaltung – schnelles Verschwinden des Laktats; passive Gestaltung – Laktat verweilt wesentlich länger (BADTKE 1995, S. 313).

9 Grundlagen der Motorik

Sämtliche Bewegungen des Menschen beruhen auf der Aktivität der Skelettmuskulatur. Da fast alle Bewegungsmuster aber komplexer Natur sind, brauchen die ausführenden Organe (= Muskeln) eine oder mehrere steuernde Instanzen, die das räumliche und zeitliche Zusammenspiel der Muskeln dirigieren und aufeinander abstimmen. Diese Aufgabe übernimmt beim Menschen das Zentralnervensystem (ZNS), das aus verschiedenen steuernden Zentren, d. h. Anhäufungen von Nervenzellen besteht sowie aus Bahnen, d. h. aus Verbindungen zwischen Nervenzellen oder Verbindungen zwischen Nervenzellen und Muskeln. Diese steuernden Strukturen wirken auf verschiedenste Art auf die Kontraktionsweise der Muskulatur ein.

„Motorik umfaßt die Gesamtheit der steuernden Strukturen und Funktionen, die zu Bewegungen führen". (MARTIN 1991, S. 63).

Man unterscheidet nach den zwei Hauptaufgaben der Muskulatur die Stützmotorik und die Zielmotorik. Die Zielmotorik beschreibt Bewegungsabläufe, die ein bestimmtes Ziel verfolgen, z. B. sprechen, schreiben oder die Ausführung sportlicher Bewegungsabläufe. Diese Funktion wird überwiegend, aber nicht ausschließlich, von den weißen oder FT-Fasern erfüllt. Damit die Zielmotorik überhaupt eingesetzt werden kann, muß der menschliche Körper gegen die Einwirkung der Schwerkraft in bestimmten Positionen, z. B. in der aufrechten Körperlage, gehalten werden (= Stützmotorik). Diese Funktion erfüllen vorwiegend die roten, ausdauernden ST-Fasern, die auch häufig als „Antischwerkraftmuskeln" bezeichnet werden.

Die Motorik des Menschen umfaßt Stützmotorik und Zielmotorik. Die Stützmotorik sorgt für die situationsgerechte Körperhaltung, die Zielmotorik beschäftigt sich mit zielgerichteten Bewegungsabläufen.

Die Aufgaben des ZNS können wie folgt beschrieben werden:

1. Es kontrolliert die Haltung des Menschen durch Spannungsentwicklung in der dafür zuständigen Muskulatur.
2. Es koordiniert die Muskeltätigkeit, um gezielte Bewegungen zu ermöglichen.
3. Es kann angeborene oder gelernte Bewegungsprogramme speichern und bei Bedarf abrufen.
4. Es kann äußere Reize verarbeiten und in die Muskeltätigkeit integrieren.

Um diese sehr vielfältigen Aufgaben erfüllen zu können, besitzt das ZNS verschiedene motorische Zentren mit unterschiedlicher Aufgabenstellung. Sie sind hierarchisch aufgebaut, stehen aber so miteinander in Verbindung, daß die verschiedenen Impulse exakt aufeinander abgestimmt werden können. Man unterscheidet einmal die Spinalmotorik, die auf Rückenmarksebene Reflexe, d. h. unbewußte Reaktionen auf einwirkende Reize verarbeitet, und die supraspinale Motorik, die dem Rückenmark übergeordnet ist und teilweise bewußt abläuft. Tabelle 7 zeigt die verschiedenen Ebenen des ZNS und ihre funktionelle Gliederung. Die Führung der verschiedenen Ebenen des ZNS hat dabei das Großhirn mit seinen verschiedenen Feldern. Seine Bewegungsvorstellungen können aber nur durch Mithilfe untergeordneter Ebenen des ZNS in eine reale, gut koordinierte Bewegung umgesetzt werden.

Tab. 7: Die verschiedenen Ebenen des Zentralnervensystems und ihre funktionelle Gliederung (nach DE MAREES 1989, S. 61).

• *Rückenmarksebene mit den motorischen Einheiten*	⇨ *Spinalmotorik mit einfachen Haltungs- und Bewegungsmustern auf der Basis von spinalen Reflexen, die Bewegungen fördern oder hemmen*
• *Hirnstammebene*	⇨ *Stützmotorik mit Abstimmung der Tätigkeit der Haltemuskulatur; ermöglicht situationsgerechte Körperhaltung; schafft Voraussetzungen für zielmotorische Bewegungen*
• *Motorischer Cortex (Motocortex)*	⇨ *Motorische Zentren mit Ausführungsfunktion (Exekution) von einlaufenden Bewegungsprogrammen*
• *Kleinhirn und Basalganglien*	⇨ *situative Anpassung der Bewegungsprogramme, Steuerung der Stützmotorik, Koordination mit Zielmotorik*
• *prämotorischer und supplementär-motorischer Cortex*	⇨ *Abruf von konkreten Bewegungsprogrammen oder Programmfolgen*
• *Assoziationsfelder des motorischen und sensorischen Cortex* • *Motivationsareale in der Großhirnrinde und in subcorticalen Strukturen (z. B. Frontalhirn und Limbisches System)*	⇨ *Entwürfe von Bewegungen oder zielgerichteten Bewegungsfolgen (Strategien) auf Abruf (motor. Gedächtnis) Entscheidungsinstanz für Handlungsantriebe*

Supraspinale motorische Zentren

Diese motorischen Zentren liegen oberhalb des Rückenmarks (supraspinal) und steuern von dort aus Bewegungen. Die wichtigsten sind der Motocortex in der Großhirnrinde, die Basalganglien und das Kleinhirn sowie der Hirnstamm.

- **Motocortex**

Bei der Ausführung von Bewegungen werden neurophysiologisch gesehen von der Steuerzentrale Großhirn Signale ausgesandt, die über Nervenbahnen an die Motoneurone des Rückenmarks gelangen und von dort Befehle an die ausführenden Organe, die Skelettmuskeln, senden. Nachdem in den Assoziationsfeldern des Großhirns der Entschluß zu einer Bewegung gefallen ist, übernehmen die motorischen Felder des Großhirns die Steuerung, indem der Befehl an die Motoneurone des Rückenmarks, und von dort an die ausführenden Muskeln, weitergeleitet wird. Die Nervenbahnen, die von den Motoneuronen zu den Muskeln führen, nennt man absteigende oder efferente Bahnen.

Im Motocortex werden Bewegungsentwürfe oder gespeicherte Bewegungsprogramme abgerufen und zur Ausführung gebracht.

Im Motocortex gibt es Steuerzentren für alle Skelettmuskeln. Je kleiner die motorischen Einheiten der betreffenden Muskulatur sind, desto feiner abgestuft können die Bewegungen dieser Muskelgruppe sein. Die motorisch stärker differenzierte Muskulatur des Gesichts (Mimik, Sprache, Augenlider) oder der Finger ist deshalb in den Steuerzentren stärker repräsentiert als Muskeln mit einer vergleichsweise einfachen Motorik wie die des Rückens oder der Beine.

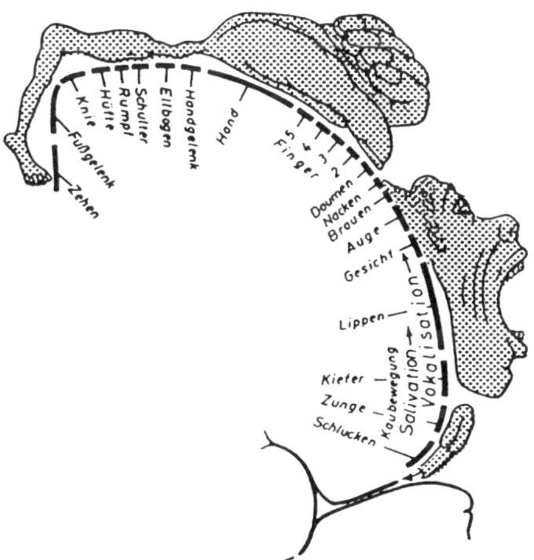

Abb. 34: Somatotopische Gliederung des Gyrus praecentralis mit Repräsentation der Motorik. Man beachte die nicht völlig gleiche Ausdehnung von Sensibilität und Motorik der einzelnen Körperteile (Mörike u. a., 1991, S. 15-40)

Pyramidenbahnen

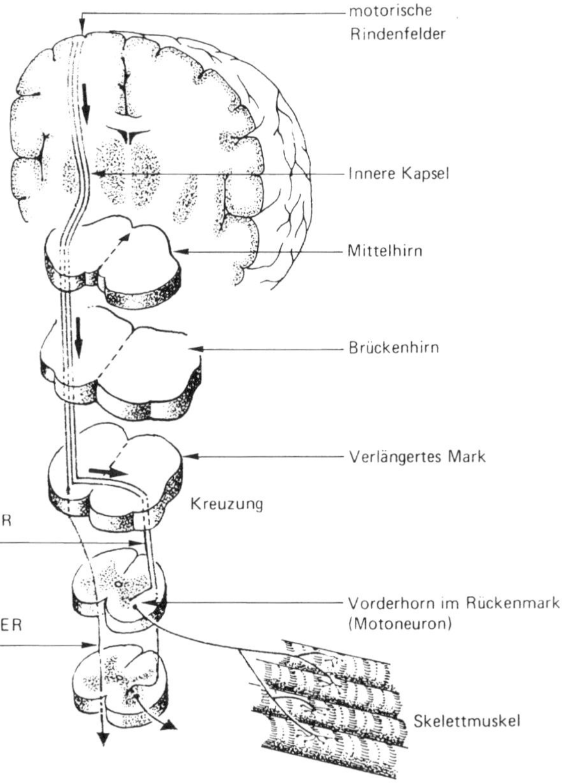

Abb. 35: Verlauf der Pyramidenbahn (DE MAREES 1989, S. 72).

Die Neuronen des Motocortex und die Motoneuronen des Rückenmarks sind durch die Pyramidenbahnen direkt miteinander verbunden.

Das „Körperschema" des Großhirns und seine quantitative Repräsentation ist in Abbildung 34 anschaulich zu sehen. Man erkennt die großen Steuerzentren für die Gesichtsmuskeln und die Fingermuskeln, während z. B. der Rumpf oder die Hüftmuskeln von wenigen Nervenzentren gesteuert werden. Das bedeutet in der Sportpraxis, daß Bewegungen in diesen Muskelgruppen nicht so präzise zu steuern sind wie in den Fingern, die sehr dosiert eingesetzt werden können. Man denke nur an das fein koordinierte und exakte Fingerspiel eines Pianisten.
Es gibt eine lange Debatte in der Wissenschaft, ob der Motocortex in Form von Muskeln oder eher in Bewegungen „denkt". Nach neueren Untersuchungen scheint sich zu bestätigen, daß die motorische Hirnrinde jeweils synergistisch wirkende Muskeln aktiviert und nicht nur Einzelmuskeln, was die Debatte zugunsten der Denkweise in Bewegungen entscheidet. Zwischen den Neuronen des Motocortex und den Motoneuronen des Rückenmarks besteht eine direkte Verbindung, die sogenannte Pyramiden-

bahn, wobei unterhalb des verlängerten Markes die Bahnen der linken Gehirnhälfte nach rechts ziehen und umgekehrt. Deshalb steuern die motorischen Zentren der rechten Gehirnhälfte die linke Körperseite und umgekehrt (vgl. Abb. 35). Von der Pyramidenbahn zweigen Nervenstränge an andere motorische Zentren wie die Basalganglien oder das Kleinhirn, ab. Dort werden Bewegungsprogramme erstellt, an veränderte äußere Bedingungen angepaßt, dann an den Motocortex weitergeleitet. Dieser sendet, nach der Korrektur durch das Kleinhirn, jetzt nur noch Befehle an die Muskeln, die eine gut koordinierte Bewegung ermöglichen. Das ganze System hat also eine Vielzahl von hinführenden (= afferenten) Informationen, die das Ziel haben Störfaktoren zu analysieren, und die Bewegungsprogramme an neue Situationen anzupassen.

Die Pyramidenbahn hat ihren Namen nach den Pyramiden, einem unteren Bereich des Hirnstamms.

- **Kleinhirn**

Das Kleinhirn modifiziert und steuert den Bewegungsentwurf, den der Motocortex an die Muskeln übermittelt, da es verschiedenste Einflüsse verarbeiten kann. Alle zielmotorischen Bewegungen werden von hier aus gesteuert. So werden auch sensorische Einflüsse über die Augen, die Ohren usw. über das Kleinhirn geleitet und führen eventuell zu einer Änderung der Bewegung. Das heißt, daß Informationen aus der Umwelt über die Stellung des Körpers im Raum, über die Lage einzelner Körperteile oder über drohende Gefahren aufgenommen und in das Bewegungsprogramm mit eingearbeitet werden. Das Kleinhirn kontrolliert also die Stützmotorik, vor allem das Körpergleichgewicht, und koordiniert die Stütz- mit der Zielmotorik.

Bewegungsprogramme werden an äußere Bedingungen angepaßt, die Stützmotorik mit der Zielmotorik koordiniert.

Im prämotorischen Cortex sind außerdem häufiger benutzte Bewegungsprogramme gespeichert, vor allem für schnell ablaufende Bewegungen, wie sie im Sport üblich sind. Diese Programme sind das Ergebnis von motorischen Lernprozessen, d. h. der permanenten Wiederholung bestimmter Bewegungsabläufe. Das Gehirn hat die Fähigkeit, diese Erfahrungen zu speichern; das Kleinhirn paßt die Bewegungsprogramme an bestimmte Situationen an. Eine bewußte Kontrolle des gesamten Bewegungsablaufes ist nicht möglich, der Sportler kann allenfalls auf bestimmte Details der Bewegung achten.

So weiß ein Volleyballer beim Schmetterschlag nur, daß er den Ball diagonal geschlagen hat, wie diese Absicht vom Körper umgesetzt wurde entzieht sich dem Bewußtsein. Diese im Kleinhirn gespeicherten Bewegungsprogramme, die auch als „motorische Stereotypen" bezeichnet werden, sind um so leichter abrufbar, je häufiger sie eingeübt wurden, je besser sie „eingeschliffen" sind. Deswegen kommt es beim Erlernen sportlicher Teil- oder Gesamtbewegungen darauf an, sie immer wieder zu üben, damit die „Bewegungsschleife“ erhalten bleibt und im Unterbewußtsein verankert wird. Wird z. B. ein falsches Bewegungsprogramm eingeschliffen, muß dieses erst gelöscht werden bevor ein neues, richtiges Bewegungsmuster gelernt werden kann. Deswegen ist auch das Umlernen von falschen Bewegungen viel schwieriger, als das Neulernen noch nicht automatisierter Bewegungen.

- **Hirnstamm und Basalganglien**

Der Hirnstamm gehört zu den entwicklungsgeschichtlich ältesten motorischen Zentren des Gehirns. Er kontrolliert alle stützmotorischen Reaktionen des Körpers und versucht, die von verschiedenen Rezeptoren einlaufenden Signale zu verarbeiten und an die Motoneurone weiterzuleiten. Es gibt vor allem Verbindungen zu den sogenannten Interneuronen, kleinen Nervenzellen, die den Motoneuronen des Rückenmarks vorgeschaltet sind. Über diese können hemmende oder fördernde Impulse auf die Alpha oder Gamma-Motoneurone einwirken und so die Spinalmotorik modifiziert werden. Afferente Einflüsse erhält der Hirnstamm u. a. aus den Gelenkrezeptoren, dem Gleichgewichtsorgan und den Augen. Die Kontrolle all dieser afferenten Informationen und ihre sinnvolle Weiterleitung an die Muskeln ermöglicht erst eine gute Körperhaltung und darauf aufbauende zielgerichtete Bewegungen.

Der Hirnstamm steuert die Stützmotorik und paßt sie den Erfordernissen der Zielmotorik an.

Spinalmotorische Systeme

Die Hauptaufgabe der Spinalmotorik im Rückenmark besteht in der Kontrolle der Körperhaltung und der Ausführung einfacher Bewegungsmuster ohne Einschaltung der bewußten Teile des Zentralnervensystems. Die Spinalmotorik kann, wie bereits oben dargelegt, von den übergeordneten Zentren des Hirnstammes oder des motorischen Cortex beeinflußt werden, bei einfachen Aufgaben aber auch unabhängig von Bewußtseinsprozessen arbeiten. Grundsätzlich ist dieser Teil des ZNS über Rezeptoren und Nervenbahnen mit der Muskulatur verschaltet.

Die Hauptaufgabe der Spinalmotorik des Rückenmarks besteht in der Ausführung einfacher Haltungs- und Bewegungsmuster, die teilweise unabhängig vom Gehirn ablaufen.

Neben den bereits erwähnten sinnlichen (sensorischen) Rezeptoren aus Auge, Ohr usw. gibt es Rezeptoren in den Muskeln, die Informationen an das ZNS liefern und über afferente Bahnen die Innervation der Muskulatur beeinflussen. Außerdem geben Mechanorezeptoren in den Gelenkkapseln, in den Bändern und in der Muskulatur Informationen über den Lage- und Bewegungssinn. Sie senden Afferenzen zum Rückenmark, die von dort über Interneurone direkt auf Motoneurone einwirken oder über die

Gamma-Spindel die Muskelspannung erhöhen. Ihre wichtigste Funktion scheint die Erhöhung der Muskelsteifheit zu sein, was zu einer erhöhten Gelenkstabilität führt.
Die wichtigsten Meßfühler im neuromuskulären System sind jedoch die in den Muskeln liegenden Muskelspindeln und die in den Sehnen liegenden Golgi-Organe der Sehnen. Die Verschaltung dieser Systeme erfolgt über einen sogenannten Reflex, entweder als Dehnungs- oder als Beugereflex. Ein Reflex ist eine unwillkürliche Antwort auf einen sensorischen Reiz. Er kann die muskuläre Aktivität fördern oder hemmen.

- **Muskelspindeln**

Die Muskelspindeln sind die Dehnungsrezeptoren der Muskelfaser. Sie sind parallel zu den Muskelfasern angeordnet und bestehen aus einem unbeweglichen Mittelteil und zwei kontraktilen Enden, mit denen sie an den Muskelfasern befestigt sind. Man nennt sie auch intrafusale Muskelfasern (lat. fusus = Spindel), im Unterschied zu den extrafusalen Fasern, d. h. den normalen Muskelfasern. Das nicht kontraktile Mittelstück ist dabei ein dehnungsempfindlicher Rezeptor, das heißt, daß er bei Dehnung der Muskulatur ebenfalls gedehnt wird, bei Kontraktion wird er entspannt.

Die Muskelspindeln sind die Dehnungsrezeptoren des Skelettmuskels. Sie reagieren auf schnelle Dehnungsreize pro Zeiteinheit und bewirken die Auslösung des Muskeldehnreflexes.

a) Der Muskeldehnreflex

Jede Längenänderung der Muskelfaser muß von den Spindeln mitvollzogen werden. Ihr unbeweglicher Mittelteil meldet diese Längenänderung mittels afferenter Nervenfasern an das ZNS, in diesem Fall an das Alpha-Motoneuron im Rückenmark. Die motorische Nervenzelle

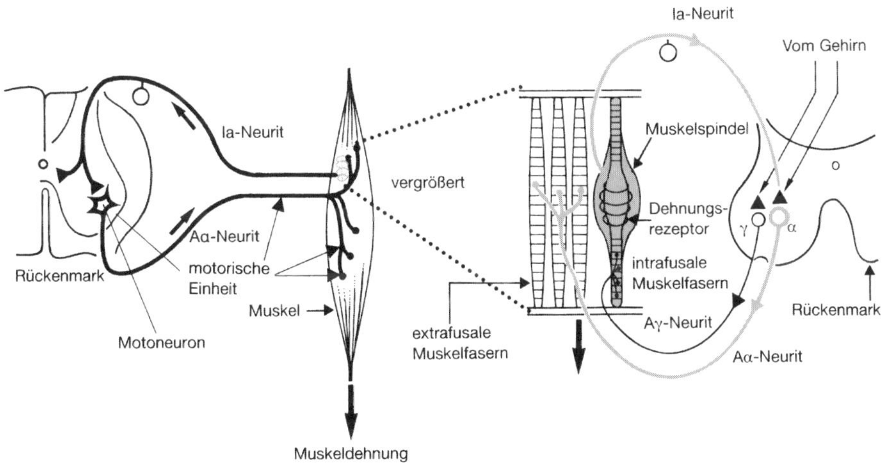

Abb. 36: Dehnungsreflex mit Muskelspindel (de Marees 1989, S. 64).

Die Geschwindigkeit, mit der der Nervenimpuls den Effektor (Muskel) erreicht, hängt von den Verzögerungen der Synapsen und der Art der Nervenfaser ab.

sendet einen Impuls zu den Muskelzellen und veranlaßt die Skelettmuskelfaser zur Kontraktion (siehe Abb. 36). Da die Verschaltung zwischen dem Rezeptor und der Muskulatur nur über eine Umschaltstelle im Rückenmark (Synapse) erfolgt, spricht man von einem monosynaptischen Reflex. Durch die Verkürzung der Muskelfasern entfällt der Dehnungsreiz auf die Muskelspindel und das Alpha-Motoneuron hört auf zu „feuern", d. h. Impulse auszusenden. Zwischen der Reizung der Muskelspindel und der Kontraktion der Muskelfaser vergeht eine bestimmte Zeit, die als Reflexzeit bezeichnet wird. Sie beträgt ungefähr 10 bis 20 Millisekunden. Dieser Reflex wird auch als Muskeldehnungsreflex bezeichnet.

Der bekannteste Reflex aus dieser Gruppe ist der sogenannte Patellarsehnenreflex. Durch einen Schlag auf die Patellarsehne unterhalb des Knies erfolgt eine Dehnung des Oberschenkelstreckers (M. quadriceps), der daraufhin mit einer Verkürzung reagiert: Der Unterschenkel schwingt nach vorn. Der Muskeldehnreflex wird vor allem dann ausgelöst, wenn eine schnelle Dehnung des Muskels erfolgt, z. B. bei Ausholbewegungen im Sport oder bei ruckartigen Dehnungen. Eine höhere Dehnungsgeschwindigkeit, d. h. eine größere Längenänderung pro Zeiteinheit, erhöht die Frequenz der Spindelerregung und damit auch die Frequenz der Reflexantwort. Das bedeutet, daß z. B. bei einem „Reißen" am Muskel die reflektorische Kontraktion ausgelöst wird. Die Streckmuskulatur wird aktiviert und dadurch z. B. die Gleichgewichtsreaktion günstig beeinflußt. Diese Reflexantwort läuft nur über das Rückenmark, geschieht also unbewußt, da eine bewußte Verschaltung über das Gehirn viel zu lange dauern würde.

b) Die Antagonisten-Hemmung (= reziproke Hemmung)

Die Antagonisten-Hemmung bewirkt bei Aktivierung des Agonisten eine Hemmung, d.h. Nichtaktivierung der antagonistischen Muskulatur.

Die Antagonisten-Hemmung ist eine spinale Nervenverschaltung, die von der Muskelspindel und anderen Rezeptoren ausgeht. Sie bewirkt nicht nur die Kontraktion des Agonisten, sondern auch eine Hemmung, d. h. eine Nichtaktivierung der antagonistischen Muskulatur. Die afferenten Fasern der Muskelspindel wirken mittels ihrer Ia-Fasern über im Rückenmark zwischengeschaltete Nervenzellen (Interneurone) auf die Antagonisten des aktivierten Muskels. Die Verschaltung im Rückenmark bewirkt, daß der Antagonist gehemmt wird, d. h. er wird nicht innerviert und kann so der Aktivität des Agonisten keinen aktiven Widerstand entgegensetzen (vgl. Abb. 37). Wäre der Antagonist bei der Reflexkontraktion des Agonisten selbst tätig, würde er die Kontraktion des Agonisten, vor allem bei hohen Krafteinsätzen, behindern und so seine Wirk-

Antagonisten-Hemmung

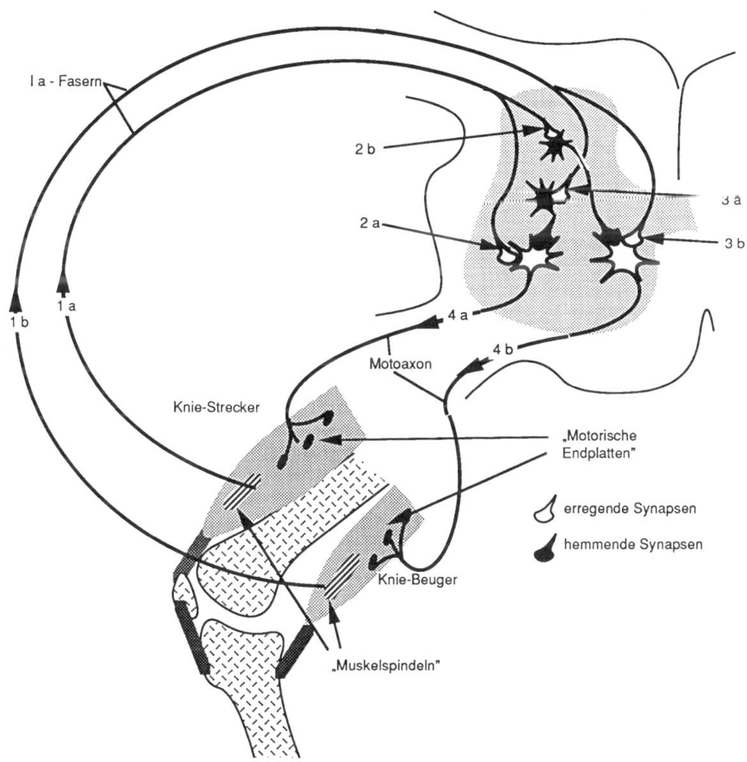

Abb. 37: Antagonisten-Hemmung (Zintl 1989, S. 593).

samkeit in Frage stellen. Diese Verschaltung im Rückenmark dient der guten intermuskulären Koordination, d. h. dem Muskelzusammenspiel in der gleichen Extremität.

Der Spannschuß im Fußball als Beispiel für die Antagonisten-Hemmung.

Beispiel: Beim Spannschuß im Fußball wird bei der Streckung des Schußbeins (= Aktivierung des M. quadriceps femoris) die Muskulatur der Oberschenkelrückseite gehemmt (= ischiocurale Muskelgruppe), damit die volle Kraft der Kniestreckmuskulatur auf den Ball wirken kann. Oder: Beim Sprinten wird zur Unterstützung einer optimalen Streckung der Hüfte des Stützbeines die Beugemuskulatur derselben Seite nicht innerviert. Je besser trainiert ein Athlet ist, d. h. je häufiger er dieses Bewegungsmuster - Aktivierung der Agonisten bei gleichzeitiger Ausschaltung der Antagonisten - geübt hat, desto besser gelingen Bewegungsabläufe. Ein „runder", ökonomischer Bewegungsablauf, d. h. die Bewegungsqualität, hängt sehr stark von dieser neuronalen Verschaltung ab, die auch als Fremdreflex bezeichnet wird. Es handelt sich hierbei um einen polysynaptischen Reflex, d. h. die Verschaltung im Rückenmark erfolgt über mehrere Neurone.

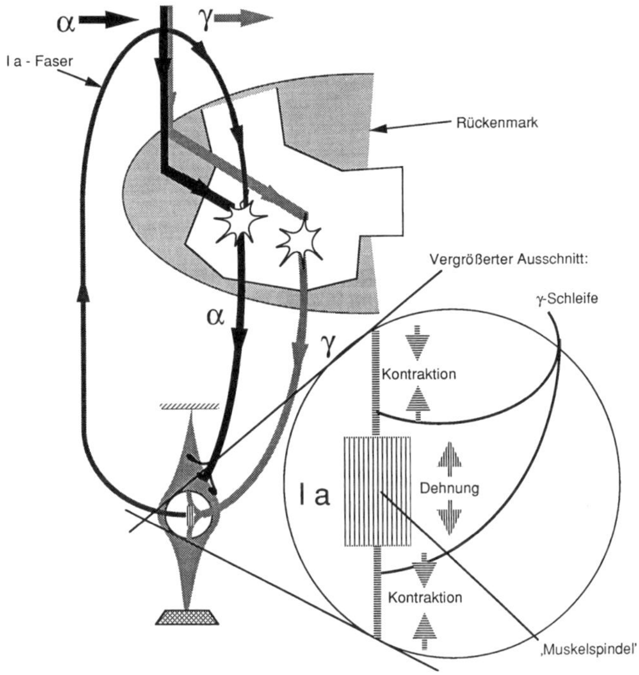

Abb. 38: Reflexweg der Gamma-Schleife (Zintl 1989, S. 622).

c) Alpha-Gamma-Koaktivierung

Neben der Verbindung von Muskelspindel und Motoneuron über die Ia-Fasern gibt es noch die Verbindung der intrafusalen Fasern zum Rückenmark. Von den kontraktilen Abschnitten der intrafusalen Muskelfasern führt über die Gamma-Nervenfasern eine Verbindung zu kleinen motorischen Vorderhornzellen im Rückenmark, die wiederum über andere Neurone mit den Alpha-Motoneuronen in Verbindung stehen. Das bedeutet, daß über eine Erregung der intrafusalen Fasern die Muskelspindeln gespannt werden und somit Längenänderungen gegenüber empfindlicher werden.

Die genaue Abfolge sieht folgendermaßen aus: Erregung der Gamma-Motoneurone ⇨ Kontraktion der intrafusalen Fasern ⇨ Dehnung der Muskelspindel ⇨ Impulssendung der Ia-Neurone ans Rückenmark ⇨ Kontraktion der Muskulatur (= Gamma-Schleife).

Man nennt dieses Zusammenspiel der Alpha-Schleife, die direkt zu den kontraktilen Fasern führt und der Gamma-Schleife, die die Einstellung der Muskelspindel ändert die Alpha-Gamma-Koaktivierung (vgl. Abb. 38). Das bedeutet, daß die Auslösung eines sensorischen Impulses aus den Muskelspindeln auf zwei Wegen möglich ist:

1. Über eine Längenänderung der Muskulatur wird die Muskelspindel zur Abgabe eines afferenten Reizes veranlaßt (= Muskeldehnreflex).
2. Über die Aktivierung der Gamma-Schleife werden die Muskelspindeln ohne Längenänderung der Muskulatur erregt und so die Empfindlichkeit gegenüber Längenänderungen der Muskeln erhöht.

Dies kann auch über Einflüsse der Großhirnrinde geschehen, also über eine Einstellung des Muskeltonus über bewußte Prozesse. Die Muskelspindel wird so bei unterschiedlichen Muskellängen arbeitsfähig gehalten; die Sensibilität gegenüber Dehnungsreizen bleibt erhalten, auch bei Entspannung der kontrollierten Muskulatur.
Bestes Beispiel für die bewußte Einstellung der Muskelspannung ist der sogenannte Vorstartzustand: Der Athlet fühlt dabei eine höhere Spannung in der Muskulatur, obwohl er keine besonderen Maßnahmen zum Spannungsaufbau ergriffen hat. Aufgrund der Gedanklichen Einstellung auf eine schnellkräftige Leistung („In einer Minute erfolgt der Start . . . Ich muß voll reingehen . . .") erhöht sich über die Alpha-Gamma-Koaktivierung der Muskeltonus. Sind diese gedanklichen Impulse zu stark, z. B. bei zu großer Angst vor dem Start, kann es auch zu Verkrampfung kommen, da man zu sehr „angespannt" ist. Große Bedeutung hat dieser Vorgang bei der Bewältigung maximaler Krafteinsätze: Eine Ausschöpfung des Muskelpotentials ist nur möglich, wenn durch maximale willentliche Aktivierung die Spannung der Muskulaur entsprechend gesteigert wird.

afferente Nervenfasern = zum ZNS hinführende (sensorische bzw. sensible) Leitungen
efferente Nervenfasern = aus dem ZNS hinausführende (effektorische) Leitungen

• **Golgi-Organe**
Die Golgi-Organe sind Rezeptoren, die in der Sehne liegen und in erster Linie als Spannungsmesser dienen. Arbeitet ein Muskel unter sehr hoher Spannung, z. B. bei maximalen Kontraktionen, entsteht ein hoher Zug auf die Sehne und damit auf die Golgi-Rezeptoren. Über afferente Nervenfasern (sogenannte Ib-Fasern) wird dieser Reiz ans Rückenmark gemeldet. Ein hemmendes Interneuron, das mit dem zuständigen Alpha-Motoneuron verschaltet ist, veranlaßt diese Nervenzelle keine weiteren Impulse auszusenden, der arbeitende Muskel wird gehemmt. Diese neuronale Verschaltung wird **Eigenhemmung** oder **autogene Hemmung** genannt, da derselbe Muskel inaktiviert wird aus dem die afferente Meldung stammt (siehe Abb. 39).
Früher war man der Auffassung, daß diese Verschaltung ein Schutz des Muskels vor Überlastung: sei: Bei zu großer Spannung im Muskel – und damit auch auf der Sehne –

Die Golgi-Organe sind die Spannungsfühler der Sehnen. Sie reagieren auf große Spannungsänderungen des Muskels und lösen eine Hemmung des Muskels aus.

Eigenhemmung

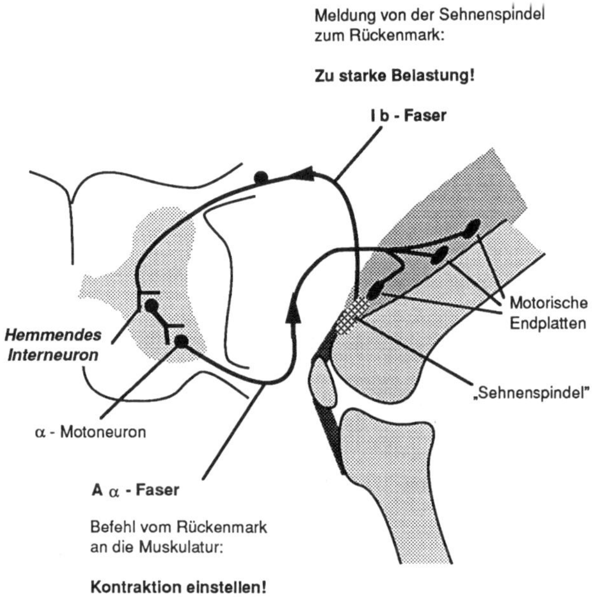

Abb. 39: Eigenhemmung (Zintl 1989, S. 592).

wird „abgeschaltet", bevor der Muskel reißt. Vermutlich ist aber die Impulsleitung über die Ib-Faser zu langsam, um diese Schutzfunktion ausüben zu können. Hauptaufgabe der Golgi-Organe ist eher eine Spannungskontrolle der Muskulatur. Über die Interneurone werden nämlich auch Impulse an die synergistisch wirkende Muskulatur gesendet, so daß nicht nur die Spannung eines Muskels registriert wird, sondern die einer ganzen Muskelkette. Zusätzlich werden Einflüsse aus den Schmerzrezeptoren der Haut, aus den Gelenkrezeptoren sowie aus supraspinalen Zentren, wie dem Motocortex, in dieses System integriert, so daß vielfältige hemmende und fördernde Einflüsse die Spannung der Muskulatur beeinflussen.
Da außerdem mit der Muskelspindel ein Längenkontrollsystem vorliegt, kann über diese Reflexschaltungen die Körperhaltung und Muskelspannung ohne Einschaltung der bewußten Strukturen des Gehirns geregelt werden. Dies bedeutet eine Entlastung des bewußten Teils der Großhirnrinde von vergleichsweise einfachen Aufgaben (nämlich der Kontrolle der aufrechten Haltung des Menschen und der zugehörigen Spannung und Länge der Muskulatur) und seine Freistellung für wichtigere Dinge, wie z. B. das Erlernen zielmotorischer Bewegungsabläufe.

- **Sonstige Reflexe**

a) Der Beugereflex

Außer den Muskelspindeln, und den Sehnenrezeptoren gibt es noch „Meldestellen" verschiedenster Art, z. B. in den Gelenken oder in der Haut, die über spinale Verschaltungen auf die Aktivierung oder Hemmung der Motoneurone Einfluß nehmen. Auch das Gleichgewichtsorgan, das im Innenohr sitzt, leitet afferente Signale ins Rückenmark, die eine Veränderung der Muskelspannung bewirken. Die Gelenkrezeptoren, u. a. Ruffini- und Pacinikörperchen, reagieren auf Druck, Wärme oder auf Schmerzreize und sind über mehrere Zwischenneurone mit den Alpha-Motoneuronen verschaltet. Es handelt sich hier also um eine polysynaptische Verschaltung, die unphysiologische Zustände im Gelenk meldet, z. B. nach einer Verletzung.
Die Hautrezeptoren reagieren vor allem auf Schmerzreize und sind über mehrere Synapsen mit den Motoneuronen der Beugemuskulatur verschaltet. Da der Rezeptor dieses Reflexes in einem anderen Organ liegt (z. B. der Haut) als der Effektor (die Beugemuskulatur) spricht man auch von einem Fremdreflex. Bei einer schmerzhaften Reizung der Haut wird die Beugemuskulatur der entsprechenden Extremität gereizt; durch die Beugung derselben kommt es zu einer typischen Fluchtreaktion, die Extremität wird von der schmerzauslösenden Stelle weggezogen.
Ein Beispiel dafür ist die Reaktion, wenn man barfuß in einen Reißnagel tritt, wie in Abbildung 40 dargestellt. Durch diese polysynaptische Verschaltung kann der Körper sehr schnell reagieren. Das Gehirn registriert zwar den Schmerz, das Zurückziehen des Fußes hat zu diesem Zeitpunkt aber schon stattgefunden, da die Reflexantwort über das Rückenmark in Bruchteilen einer Sekunde eintrifft.

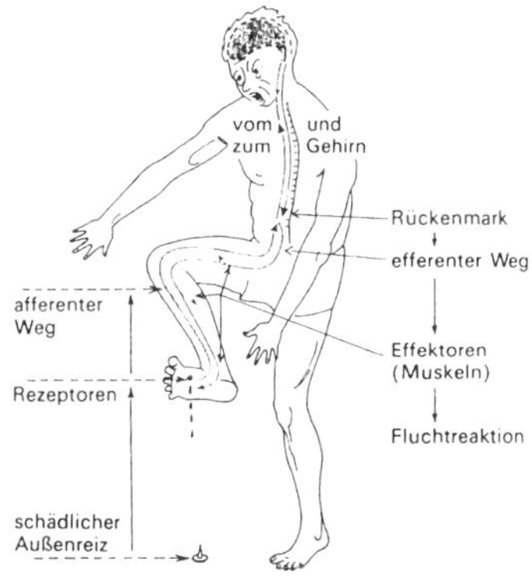

Abb. 40: Beugereflex (DE MAREES/MESTER 1982, S. 122).

b) Gekreuzter Beuge-Streckreflex

Der Beugereflex ist meist kombiniert mit einem Streckreflex in der gegenüberliegenden Extremität. Das bedeutet, daß beim obigen Beispiel das linke Bein als Standbein reflexartig gestreckt wird, wenn das rechte Bein gebeugt wird (vgl. Abb. 41). Die Informationen für diesen Reflex kommen aus der Muskelsspindel, den Golgi-Organen und weiteren Rezeptoren in der Haut, den Gelenken o. ä. Die Verschaltung dieser afferenten Reize geschieht auf Rükkenmarksebene über mehrere Interneurone und unterstützt so die normale Motorik des Menschen. Bei Beugung in der einen Extremität ist bei fast allen Bewegungsabläufen die andere Extremität gestreckt.

Der Beugereflex und der gekreuzte Beuge-Streck-Reflex haben die Aufgabe, die supraspinalen Zentren von einfachen motorischen Steuerungsfunktionen zu entlasten. Durch die hemmenden Einflüsse der Reflexaktivitäten können aber auch zielgerichtete sportliche Bewegungen behindert werden.

Gekreuzter Beuge-Streckreflex

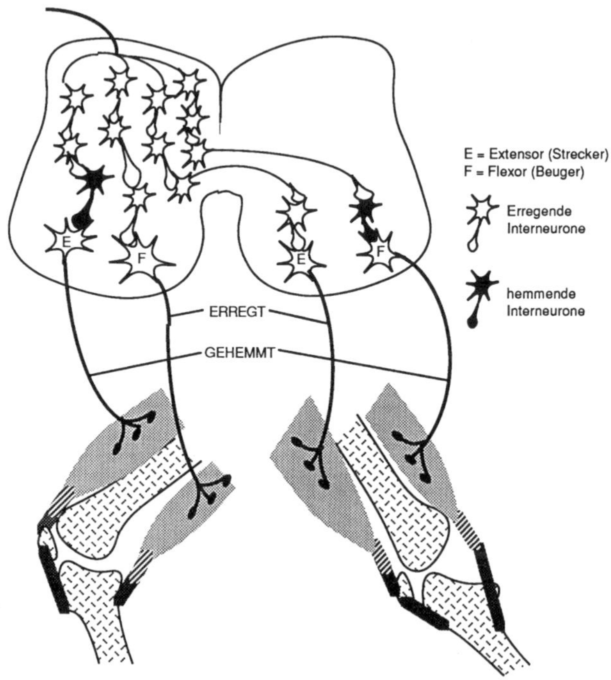

Abb. 41: Gekreuzter Beuge-Streckreflex (ZINTL 1989, S. 621).

Wenn z. B. beim Laufen oder Sprinten das Stützbein gestreckt ist, befindet sich das andere Bein in der Schwungphase, ist also gebeugt. Ähnlich sieht es beim Abspringen aus: Bei Streckung des Abdruckbeines ist das Schwungbein gebeugt. Diese spinalen Verschaltungen können von höheren Zentren des Gehirns beeinflußt werden, so daß sportliche Bewegungsabläufe mit diesem Grundmuster noch verbessert und verfeinert werden können. Die Bedeutung dieser spinalen Verschaltungen liegt in einer Art Vorprogrammierung der Bewegungsabläufe des Menschen. Bei sportlichen Bewegungsabläufen wird so die intermuskuläre Koordination unterstützt, d. h. das Zusammenspiel von Spannung und Entspannung der an der Bewegung beteiligten Muskeln. Trotz des unbewußten Ablaufs dieser Verschaltungen müssen sportliche Bewegungen immer wieder geübt werden, um störende Afferenzen auf die Muskelaktivität auszuschalten und die spinale Verschaltung über bewußtes Üben zu unterstützen.

c) Stell- und Haltereflexe des Nackens
Die obere Halswirbelsäule erbringt in ihrer Gesamtheit Leistungen, die einem zusätzlichen Sinnesorgan gleichkommen (JANDA). Mechanorezeptoren in diesem Bereich senden Informationen in die vestibulären Kerngebiete, die die Haltung stark beeinflussen. Große Bedeutung haben diese Halte- und Stellreflexe bei der Haltungskorrektur und bei der Bewegungssteuerung, z. B. bei Turnübungen. Durch Veränderung der Stellung der Halswirbelsäule werden Bewegungen, wie z. B. ein Salto, in ihrer Bewegungsqualität entscheidend verbessert.

Bedeutung der Reflexmechanismen

Sportliche, aber auch normale Alltagsbewegungen können nur auf der Basis automatisch ablaufender Ansteuerungen der Muskulatur erfolgen. Dabei gibt es verschiedene hemmende (= inhibitorische) oder auch erregende (= exzitatorische) Einflüße auf die Motoneurone des Rückenmarks. Die Reflexmechanismen bilden die Basis bewußter Zielbewegungen und können zur Optimierung der Bewegungsqualität eingesetzt werden. Ihre wichtigsten Aufgaben sind:

Reflexe sind die Basis bewußter Zielbewegungen.

- Reflexmechanismen bremsen überschießende Bewegungen ab und unterstützen so die Ausführung kordinierter, d. h. flüssiger Bewegungen.
- Reflexmechanismen sind für die aufrechte Haltung des Menschen verantwortlich und bilden damit die Voraussetzung für die Zielmotorik.
- Reflexmechanismen entlasten supraspinale Zentren von der Verarbeitung von Störgrößen aus der Peripherie.
- Reflexmechanismen korrigieren Bewegungsentwürfe supraspinaler Zentren.

10 Kraft und Krafttraining

Charakterisierung der Kraft

Die Kraft tritt im Sport im wesentlichen in drei Erscheinungsformen auf, als **Maximalkraft**, als **Schnellkraft** und als **Kraftausdauer**. Andere Einteilungsformen wie z. B. Wurf-, Sprung- und Sprintkraft (vgl. Letzelter 1987) sind für die praktische Anwendung im täglichen Training zwar geeignet, beschreiben jedoch nicht exakt genug die physiologische Grundlage jedes Teilbereiches. Die Einteilung in Maximalkraft, Schnellkraft und Kraftausdauer hat sich bewährt und weist auf den engen Zusammenhang aller drei Dimensionen des Kraftverhaltens hin.

Alle drei Erscheinungsformen können durch zwei verschiedene Muskelarbeitsweisen realisiert werden:

Definition der Kraft im biologischen Sinn: Kraft ist die Fähigkeit des Nerv-Muskelsystems, durch Muskeltätigkeit Widerstände zu überwinden (= konzentrische Kontraktion), ihnen entgegenzuwirken (= exzentrische Kontraktion) oder sie zu halten (= isometrische Kontraktion).

1. durch die statische, d. h.haltende Muskelarbeit,
2. durch die dynamische, d. h. die überwindende oder die nachgebende Muskelarbeit.

a – Statische Muskelarbeitsweise (isometrische Kontraktionsform)

b – Dynamisch-überwindende Muskelarbeitsweise (auxotonisch-konzentrische Kontraktionsform)

c – Dynamisch-nachgebende Muskelarbeitsweise (auxotonisch-exzentrische Kontraktionsform)

Abb. 42: Bewegungen mit dynamischer und statischer Arbeitsweise der Muskulatur (Grosser u. a. Konditionstraining 1981, S. 60)

Dem entsprechen die verschiedenen Kontraktionsformen der Muskulatur: Isometrische Kontraktion bedeutet eine Spannungs- ohne Längenänderung, isotonische Kontraktion bedeutet eine Längen- ohne Spannungsänderung. In der sportlichen Praxis überwiegt die Mischform der auxotonischen Kontraktion, d. h. eine Spannungs- bei gleichzeitiger Längenänderung (vgl. auch Abb. 42).

Maximalkraft

Die Maximalkraft (oder auch Grundkraft) ist die größtmögliche Kraft, die willkürlich gegen einen Widerstand ausgeübt werden kann. Sie wird meist gegen einen unüberwindlichen Widerstand gemessen und stellt die Basis für alle anderen kraftabhängigen Leistungen dar. Leistungsbestimmende Faktoren der Maximalkraft sind: Muskelquerschnitt, Muskelstruktur, Fiederungswinkel, intra-und intermuskuläre Koordination, anthropometrische Merkmale, Art der Energiebereitstellung sowie die Motivation des Athleten.

Die Maximalkraft ist die größtmögliche Kraft, die willkürlich gegen einen unüberwindlichen Widerstand ausgeübt werden kann. Die Absolutkraft ist das gesamte im Muskel vorhandene Kraftpotential; auch der willkürlich nicht mobilisierbare Anteil, der als Kraftdefizit bezeichnet wird.

Wird die Maximalkraft exzentrisch gemessen, d. h. bei nachgebender Muskelarbeit, kann man feststellen, daß sie um 10 bis 45 % höher liegt als die isometrische Maximalkraft. Dies beruht auf zwei Wirkungsmechanismen: Erstens treten „durch die Aktivierung der Muskelspindeln Dehnungsreflexe auf, die eine Erhöhung der Innervationsaktivität und damit eine stärkere Kontraktion bewirken." Zweitens erfolgt durch die Dehnung der Muskeln und Sehnen eine Addierung der passiven Elastizitätskräfte „zu dem durch Willkürkontraktion realisierten Kraftbetrag" (vgl. Schmidtbleicher 1984, S. 1786).

In der Trainingspraxis kann man feststellen, daß nur ein Teil der absolut vorhandenen Kraft (= Absolutkraft) willentlich mobilisiert werden kann. Die übrig bleibende Kraftreserve wird als „autonom geschützte Reserve" bezeichnet, die nur durch Elektrostimulation aktiviert werden kann. Der Unterschied zwischen der Absolutkraft und der isometrischen Maximalkraft wird als Kraftdefizit bezeichnet und liegt zwischen 30 und 40 % beim Untrainierten und etwa 10 % beim Hochtrainierten.

Schnellkraft

Schnellkraft ist die Fähigkeit des neuromuskulären Systems Widerständen (z. B. dem eigenen Körper oder Sportgeräten) „auf einem vorgegebenen Weg oder einer festgelegten Zeit einen möglichst hohen Kraftstoß zu erteilen" (Bührle 1986). Leistungsbegrenzende Faktoren der Schnellkraft sind die Maximalkraft, der Anteil der schnellen

Muskelfasern (FT-Fasern) an der Gesamtmuskelmasse sowie die anthropometrischen Merkmale der Sportlerinnen und Sportler. Dies bedeutet, daß Athletinnen und Athleten mit längeren Hebeln günstigere Voraussetzungen für Schnellkraftleistungen haben, da sie z. B. bei Wurfbewegungen das Gerät länger beschleunigen können und damit einen höheren Kraftstoß erzielen. Neben einem hohen FT-Faseranteil ist außerdem die Maximalkraft wichtigste Voraussetzung für eine gute Schnellkraft, da in einer begrenzten Zeitspanne mit höherer Maximalkraft auch eine höhere Beschleunigung möglich ist.

Ein wichtiger Teil der Schnellkraft ist die sogenannte **Reaktivkraft**. Sie ist das Vermögen des Nerv-Muskel-Systems, „bei schnell ablaufendem Dehnungs-Verkürzungs-Zyklus einer Muskelschlinge einen hohen Kraftstoß zu realisieren“ (Bührle 1989, S. 319). Der Dehnungs-Verkürzungs-Zyklus (DVZ) meint dabei die schnelle Aufeinanderfolge einer exzentrischen und einer konzentrischen Muskelkontraktion.

Die Schnellkraft ist die Fähigkeit des Nerv-Muskelsystems, Widerständen „auf einem vorgegebenen Weg oder einer festgelegten Zeit einen möglichst hohen Kraftstoß zu erteilen“ (Bührle 1986). Die Reaktivkraft ist die Schnellkraft in einem Dehnungs-Verkürzungs-Zyklus, d. h. bei schneller Aufeinanderfolge von exzentrischer und konzentrischer Muskelkontraktion.

Ein gutes Beispiel für einen DVZ stellt ein Nieder-Hochsprung von einem Kleinkasten dar. In der Landephase am Boden wird kinetische Energie in Verformungsenergie des Muskel-Sehnen-Systems umgewandelt, d. h. kurzfristig gespeichert. Beim anschließenden Absprung erfolgt eine erneute Umwandlung in Bewegungsenergie. Dadurch wird der Kraftstoß verstärkt, da sich die gespeicherte Energie zur willkürlich entwickelten addiert. Dieses Umschalten von exzentrischer in konzentrische Muskelarbeit muß schnell erfolgen (ein bis zwei Zehntelsekunden), sonst wandelt sich die gespeicherte Energie in Wärme um und geht beim Absprung verloren. Außerdem werden durch die schnelle Muskeldehnung beim Abfangen über die Reizung der Muskelspindeln Reflexe ausgelöst, die die Innervation der arbeitenden Muskulatur beim Absprung verbessern (Muskeldehnreflex). Durch diese Reflexe erhöht sich die Kontraktionskraft der Muskulatur ebenfalls.

Die reaktive Kraftfähigkeit wird bei vielen sportlichen Belastungen gebraucht, z. B. bei allen Sprint und Sprungbewegungen. Aber auch im Alltag, beim Abfangen des Körpers nach einem Ausrutschen oder wenn das Umknicken im Sprunggelenk vermieden werden soll, ist reaktive Spannungsfähigkeit gefordert.

Kraftausdauer

Kraftausdauer ist die Ermüdungswiderstandsfähigkeit des Muskels gegen länger andauernde Belastungen. Arbeitet ein Muskel mit mehr als 15 % seiner maximalen Kraft bei

statischer Arbeitsweise bzw. mit mehr als 30 % bei dynamischer Arbeitsweise, überschreitet er die notwendigen Grenzen, um überhaupt einen Trainingseffekt zu erzielen. Allerdings kann durch die Kompression der Blutgefäße der Muskel nicht mehr ausreichend mit Sauerstoff versorgt werden, so daß die anaerobe Energieversorgung in Anspruch genommen werden muß. Je geringer der anaerobe Anteil der Energiebereitstellung ist, d. h. je geringer die Trainingsintensität ist, desto länger kann die Belastung durchgehalten werden. Bei einer Intensität von 40 % wird teilweise aerob gearbeitet, der Muskel bleibt daher länger arbeitsfähig als beispielsweise bei einer 70 %igen Inanspruchnahme der Maximalkraft. Durch die ausschließlich anaerobe Energiebereitstellung übersäuert der Muskel schneller, die Ermüdungswiderstandsfähigkeit ist geringer.
Beispiel: Hebt Athlet A mit einer Bestleistung von 100 kg eine Hantel, die 40 kg wiegt, wird der Stoffwechsel gemischt aerob und anaerob erfolgen; die Belastung kann über einen längeren Zeitraum durchgehalten werden (schätzungsweise 30 oder mehr Wiederholungen). Athlet B mit einer Bestleistung von 60 kg kann die Hantel nicht so oft heben, da er mit höherer Intensität trainiert (ca. 66 % gegenüber 40 % von Athlet A). Da er fast ausschließlich anaerob trainiert wird er nur 10 bis 15 Wiederholungen schaffen. Der effektivste Weg um die Belastung länger durchhalten zu können, wäre, seine Maximalleistung auf 80 oder 100 kg zu steigern, dann ließe sich auch die Wiederholungszahl deutlich erhöhen.

Die Kraftausdauer ist die Ermüdungswiderstandsfähigkeit gegen langandauernde statische oder dynamische Belastungen mit mindestens 30%igem Kraftanteil.

Kraft und Geschlecht

In der Trainingspraxis wird immer wieder deutlich, daß sich Kraftleistungen von Männern und Frauen unterscheiden. Ursache dafür ist in erster Linie der geringere prozentuale Muskelanteil am Gesamtgewicht der Frau. Durch den erhöhten Spiegel des männlichen Sexualhormons Testosteron beim Mann wird der Muskelaufbau erleichtert, da Te-

Tab. 8: Kraftverhältnisse von Mann und Frau (modifiziert nach Ehlenz u. a. 1983).

Kraftverhältnisse	***Mann***	***Frau***
Prozentualer Anteil der Muskelmasse am Körpergewicht	*40–45 %*	*32–36 %*
Maximalkraft	*100 %*	*60–80 %*
Kraftzuwachs vom 10. bis 21. Lebensjahr	*500 %*	*300 %*
Last-Kraft-Verhältnis	*günstig*	*weniger günstig*

Frauen besitzen einen geringeren Anteil der Muskulatur an der Gesamtkörpermasse und haben deshalb, absolut gesehen, eine geringere Maximalkraft. Ihre Trainierbarkeit, d. h. ihre prozentuale Verbesserungsmöglichkeit, hinsichtlich der Muskelmasse und der Muskelqualität, ist jedoch genauso groß wie bei Männern.

stosteron u. a. einen anabolen, d. h. muskelaufbauenden Effekt hat. Die wesentlichen Unterschiede zwischen Mann und Frau, bezogen auf Durchschnittspersonen, sind in Tabelle 8 aufgeführt.
Die ungünstigeren Voraussetzungen der Frau bedeuten jedoch nicht, daß Frauen beim Krafttraining keine oder nur geringe Erfolge erzielen können. Sie sind ebenso hoch belastbar wie Männer, d. h. sie können in den gleichen Intensitätsbereichen trainieren. Auch die Trainierbarkeit ist günstig, bezieht man den Kraftzuwachs auf die vorhandene Muskelmasse. Dies bedeutet, daß ein prozentual gleich großer Muskelzuwachs erreichbar ist, die absolute Muskelmasse des Mannes jedoch nicht antrainiert werden kann.

Kraft und Alter

Eine häufig gestellte Frage ist, ab wann ein Krafttraining mit Kindern oder Jugendlichen sinnvoll ist. Meist wird dabei auf die geringe Trainierbarkeit von Kindern vor der Pubertät aufgrund der ungünstigen hormonellen Ausstattung verwiesen sowie die verminderte Belastbarkeit des kindlichen Knochens vor Abschluß des Wachstums erwähnt. Dabei wird oft außer acht gelassen, daß Krafttraining nicht gleichbedeutend ist mit Training an Kraftmaschinen oder freien Hanteln. Auch mit Übungen aus der Funktionellen Gymnastik, d. h. Belastungen mit dem eigenen Körpergewicht oder geringen Zusatzlasten sind Trainingswirkungen erzielbar. Die Notwendigkeit einer allgemeinen Kräftigung von Kindern im sogenannten späten Schulkindalter oder in der Pubeszenz ist durch viele Untersuchungen zum Trainingszustand der Haltemuskulatur belegt. Vermutlich wirken in der heutigen, bewegungsarmen Umwelt zu wenige Reize auf die Muskulatur, um eine ausreichende Stabilität, vor allem im Oberkörper, zu gewährleisten. Der in der Regel bessere Funktionszustand der Beinmuskulatur belegt den Zusammenhang von Beanspruchung und Leistungsfähigkeit.

Krafttraining muß nicht unbedingt Training an Kraftmaschinen bedeuten; auch mit Übungen der Funktionellen Gymnastik lassen sich Trainingswirkungen erreichen.

Tabelle 9 gibt einen Überblick über die verschiedenen Altersstufen und ihre ungefähre altersmäßige Einordnung. Beachtet werden muß dabei aber immer der Unterschied zwischen kalendarischem und biologischem Alter, d. h. mancher 13jährige befindet sich nach Reifegrad und Körperbau noch im späten Schulkindalter, einzelne 10jährige befinden sich bereits in der 1. puberalen Phase. Man spricht hier von zurückgebliebenen (= retardierten) und in der Entwicklung fortgeschrittenen (= akzelerierten) Kindern.

Kraft und Alter

Tab. 9: Einteilung der Entwicklungsstufen nach dem kalendarischen Alter.

Entwicklungsstufe	***Alter***
Schulkindalter	*Mädchen bis 11/12 Jahre* *Jungen bis 12/13 Jahre*
Erste puberale Phase (Pubeszenz)	*Mädchen 11/12 bis 13/14 Jahre* *Jungen 12/13 bis 14/15 Jahre*
Zweite puberale Phase (Adoleszenz)	*Mädchen 13/14 bis 17/18 Jahre* *Jungen 14/15 bis 18/19 Jahre*

Von welchem Alter bzw. welcher Entwicklungsstufe an kann mit dem Krafttraining sinnvollerweise begonnen werden? Die früher häufig vertretene Auffassung, nach der Krafttrainingseffekte erst mit Beginn der Pubertät zu erwarten sind, da erst dann durch die Testosteronausschüttung eine Muskelhypertrophie möglich wird, ist nach neueren Erkenntnissen nicht mehr haltbar. Vor der Pubertät stehen andere Krafttrainingseffekte im Vordergrund:

1. verbessert sich die inter- und intramuskuläre Koordination,
2. paßt sich die Muskellänge während des Wachstums an, d. h. die in Länge geschalteten Sarkomere vermehren sich, und
3. erhält man ein günstiges Last-Kraft-Verhältnis durch allgemeine sportliche Betätigung.

Kinder sollten vor allem die Haltemuskulatur im Rumpf-, Schulter und Fußbereich trainieren. Übungen mit dem eigenen Körpergewicht oder leichten Zusatzgewichten sind in der Regel ausreichend. Jugendliche sind gut trainierbar, aber schlecht belastbar. Deswegen kommt Rumpftraining vor Extremitätentraining. Gute Technik bei Kraftbelastungen reduziert die Beanspruchung des passiven Bewegungsapparates!

Mit Beginn der Pubertät verändern sich die Bedingungen hinsichtlich des Krafttrainings. Durch die vermehrte Testosteronausschüttung, vor allem bei den Jungen, kann ein Muskelaufbautraining durchgeführt werden, d. h. der Muskelquerschnitt läßt sich gut verbessern. Problematisch ist jedoch die verschlechterte Belastbarkeit des Bewegungsapparates. Durch das Längenwachstum ändern sich die Hebelverhältnisse, die Koordination verschlechtert sich und es kommt zu einer Umstrukturierung der Knochenbälkchen. Dadurch wird das Skelettsystem weniger belastbar, die Verletzungsgefahr nimmt zu. Beim Training mit Zusatzlasten muß besonders auf eine gute Technik geachtet werden.
Das Schnellkrafttraining kann in dieser Phase weiter gesteigert werden, allerdings muß dabei vor allem Wert auf eine gute Beherrschung des Bewegungsablaufes gelegt werden, da sonst schnell Überlastungssymptome auftreten. So sollte z. B. bei Sprungkrafttraining weniger reaktiv trainiert werden, da die Muskulatur solche Belastungen

Erst von der zweiten puberalen Phase an sind Jugendliche für alle Krafttrainingsformen voll belastbar.

nicht so gut verkraftet. Der Übungsleiter oder Lehrer sollte auch beachten, daß bei einem solchen Training Spitzenbelastungen auftreten, die weit über den Werten eines Trainings mit Hanteln oder an Krafttrainingsmaschinen liegen.

Kraftausdauer, z. B. in Form eines Circuittrainings sollte nur mit geringen Intensitäten durchgeführt werden, da sonst die Gefahr einer zu hohen Übersäuerung der Muskulatur besteht. Da Jugendliche in diesem Alter anaerob-laktazide Belastungen weniger gut vertragen, müssen Übungen ausgewählt werden, bei denen mit 20 bis 40 % der Maximalkraft gearbeitet wird, so daß einer hoher Anteil an aerober Energiebereitstellung gewährleistet ist. Ab der zweiten puberalen Phase, der Adoleszenz, sind Jugendliche für alle Krafttrainingsformen voll belastbar. Auch die Kraftausdauer in ihrer laktaziden Form, d. h. mit höheren Intensitäten, kann jetzt gut trainiert werden, da Jugendliche in diesem Alter auch anaerob gut belastbar und trainierbar sind.

11 Trainingsziele und Trainingsmethoden

Vor Beginn eines Krafttrainings, egal ob im Fitneß- oder im Leistungsbereich, muß immer das angestrebte Ziel definiert werden. Dann können die entsprechenden Übungen und ihre zugehörigen Belastungskomponenten ausgewählt und in der richtigen Reihenfolge durchgeführt werden. Die einzelnen Belastungskomponenten sind:

1. **Intensität** der Belastung: Sie wird gemessen in Prozent der maximal zu bewältigenden Last, z. B. können 50 bis 70 % der Maximallast auch als mittlere Belastung bezeichnet werden.
2. **Dauer** der Übung: Sie wird meist in der Zahl der Wiederholungen in einer Serie angegeben. 3 mal 12 Wiederholungen bedeuten also 12 Wiederholungen hintereinander (= eine Serie oder ein Satz). Nach einer Pause wird das Ganze noch zweimal wiederholt. Bei isometrischem Training ist die Dauer der Übung die jeweilige Anspannungszeit.
3. **Pause** zwischen den Übungen: Angegeben wird immer die Serienpause, z. B. 3 mal 12 Wiederholungen mit 3 Minuten Pause.
4. **Umfang**: Angegeben wird die Gesamtzahl der Wiederholungen für eine Muskelgruppe. Beim oben genannten Beispiel hätte der Übende 36 Wiederholungen für eine Muskelgruppe absolviert.

Krafttraining sollte immer ergänzt werden durch folgende Trainingsmaßnahmen:
1. Durch aerobes Ausdauertraining zur Steigerung der Regenerationsfähigkeit des Muskels,
2. durch Dehnungstraining, um muskuläre Dysbalancen zu vermeiden,
3. durch vielseitige, ausgewogene Ernährung, die den Trainingserfolg unterstützt.

Training der Maximalkraft (Grundkraft)

Trotz der im Grunde recht einheitlichen Definition und Beschreibung des Begriffes Maximalkraft (siehe auch Seite 67) führt die Anwendung dieses Begriffes in der Trainingspraxis oft zu Mißverständnissen, da viele Athleten und Übungsleiter damit die Anwendung von hohen Zusatzlasten in Verbindung bringen. Deshalb erscheint der Terminus Grundkraft, vor allem im Fitneßbereich, angemessener; inhaltlich meinen beide Ausdrücke jedoch das gleiche.

Die Maximalkraft oder Grundkraft ist die Basis jeden Trainings. Sie sollte vor den anderen Kraftarten trainiert werden.

Die Maximalkraft kann grundsätzlich auf zwei Arten gesteigert werden: Entweder gelingt es, den Muskelquerschnitt zu vergrößern und somit das Kraftpotential des Muskels zu erhöhen oder die intramuskuläre Koordination wird verbessert, d. h. das Zusammenspiel von Nerv und Muskel funktioniert besser. Dadurch können bei einer Belastung mehr motorische Einheiten aktiviert werden (man spricht auch von „Rekrutierung") und somit wird das vorhandene Potential des Muskels besser ausgeschöpft.

- **Hypertrophietraining**

Das Trainingsziel „Vergrößerung des Muskelquerschnitts" wird auch als Muskelaufbautraining bezeichnet und ist das Basistraining für alle Sportler, auch für bereits länger trainierende Athleten. Grundsätzlich gilt, daß der Muskel bis zur Erschöpfung trainiert werden muß, um den Hypertrophiereiz auszulösen. Der Kreatinphosphatspeicher sollte vollständig erschöpft werden, d. h. die Belastungszeit sollte 15 bis 20 Sekunden nicht unterschreiten. Die Intensität muß dementsprechend mittel bis submaximal sein.
Die Ziele des Muskelaufbautrainings sind:

- Kräftigung zu schwacher Muskeln, um z. B. muskuläre Dysbalancen auszugleichen.
- Muskelhypertrophie, um die gelenkstabilisierende Funktion bestimmter Muskeln zu verbessern oder das Muskelprofil zu verändern (Bodybuilder).
- Verbesserung der lokalen Muskelausdauer.
- Hoher Energieverbrauch, damit langfristig Fettabbau möglich ist.

(Anmerkung: Eine direkte Umwandlung von Fett in Muskelmasse ist nicht möglich. Eine Figurverbesserung erreicht man durch eine Straffung des unter dem Fett liegenden Muskel- und Bindegewebes. Der direkte Abbau von Fett ist nur durch längere aerobe Belastungen von mindestens 45 Minuten Dauer möglich, z. B. beim Laufen, Radfahren, Skilanglauf, Schwimmen o.ä. Krafttraining in geringen Intensitäten kann diesen Prozeß allerdings unterstützen).

Ein direkter Fettabbau ist durch reines Krafttraining nicht möglich, sondern kann nur durch längere aerobe Belastungen erreicht werden.

Die Belastungskomponenten des Hypertrophietrainings sehen wie folgt aus:

1. Muskelaufbau für Anfänger/Fitneßbereich:
Intensität: 50-70 % der Maximalleistung
Dauer: 10-20 Wiederholungen
Pausen: 2-3 Minuten zwischen den Serien
Umfang: 3-5 Serien
Tempo: langsames bis mittleres Tempo
Übungsanzahl: 6-8 Muskelgruppen

2. Muskelaufbau für Fortgeschrittene:
Intensität: 70–85 % der Maximalleistung
Dauer: 5–10 Wiederholungen
Pausen: 2–4 Minuten
Umfang: 4–8 Serien
Tempo: zügig
Übungsanzahl: 6–12 Muskelgruppen

Bei einem so gestalteten Training ist die physische und psychische Belastung des Athleten relativ gering, so daß sich diese Methode auch für Anfänger oder Jugendliche eignet. Die Fortgeschrittenen müssen in etwas höheren Intensitäten trainieren, damit überhaupt noch ein wirksamer Trainingsreiz auf die Muskulatur ausgeübt wird. Nach ungefähr sechs bis acht Trainingseinheiten kann die Zusatzlast erhöht werden; es müßten auch beim Anfänger erste Trainingseffekte spürbar sein.
Für Fortgeschrittene gibt es noch weitere Varianten der Hypertrophiemethode, die von Bodybuildern entwickelt wurden. Grundlage dieser Varianten sind Serien mit hohen Wiederholungszahlen (10 bis 20) gegen Lasten von 60 bis 80 %. Um die Erschöpfung der Muskulatur noch zu vergrößern werden folgende Strategien angewendet:

Tab. 10: Bodybuilder-Methoden zur Erschöpfung der Muskulatur (vgl. auch Bührle/Schmidtbleicher 1986).

1. Gestützte Wiederholungen	*Am Ende einer Serie werden mit Partnerhilfe noch 2–3 Wiederholungen angefügt.*
2. Negative Wiederholungen	*Am Ende einer Serie werden noch 2–3 exzentrische Wiederholungen durchgeführt. Der Partner hilft dabei, das Gewicht in die Ausgangslage zu bringen.*
3. „Brennende“ Wiederholungen (burns)	*Am Ende einer Serie werden noch 2–4 Wiederholungen aus Positionen ausgeführt, aus denen die Last auch mit submaximalen Kräften noch bewegt werden kann. Die Bewegungen werden bis zum ungünstigsten Arbeitswinkel ausgeführt.*
4. Superserien	*Es werden zwei unterschiedliche Übungsformen für den gleichen Muskel ohne Pause nacheinander durchgeführt.*
5. Wiederholungen nach Vorermüdung	*Nach einer Serie mit einfachen Übungen folgt sofort eine Komplexübung (z. B. Bizepscurls gefolgt von Klimmzügen).*

Die Grundkraft kann über zwei Methoden verbessert werden:
1. Die Muskelhypertrophiemethode vergrößert den Muskelquerschnitt (= Muskelaufbautraining),
2. das intramuskuläre Koordinationstraining (IK-Training) verbessert den synchronen Einsatz vieler motorischer Einheiten ohne Querschnittszunahme.

Die Muskelaufbaumethode ist zwar die Standardmethode des Krafttrainings, sie hat jedoch auch ihre Nachteile. Eine Gefahr besteht in der Zunahme der Muskelspannung (des Tonus), der durch Dehnübungen am Ende des Krafttrainings entgegengewirkt werden kann. Da die Übungen in der Regel dynamisch durchgeführt werden, ist die Kraftentwicklung langsamer als beim statischen Training. Auch das intramuskuläre Koordinationstraining bewirkt einen schnelleren Kraftanstieg. Der Trainingsgewinn des Hypertrophietrainings hält dafür länger an.

- **Intramuskuläres Koordinationstraining (IK)**

Das Ziel des IK-Trainings ist das Ausschöpfen des vorhandenen Muskelpotentials. Dazu muß der Muskel in die Lage versetzt werden, gleichzeitig möglichst viele seiner motorischen Einheiten aktivieren zu können und somit höhere Kräfte zu entwickeln. Dieses Zusammenspiel von motorischem Nerv und den dazugehörigen Muskelfasern wird nur bei hohen Trainingsintensitäten geschult. Die Reizschwelle, vor allem der schnellen Fasern liegt relativ hoch, so daß mit mindestens 80 % Intensität trainiert werden muß, um auch diese Fasern zu aktivieren. Die Belastungskomponenten sind folgende:

Intensität: 85–100 %
Dauer: 1–5 Wiederholungen
Pause: vollständig (3–5 Minuten)
Umfang: 5–10 Serien
Bewegungstempo: so schnell wie möglich
Übungsanzahl: 2–5 Übungen

Methodische Reihenfolge: Zuerst Muskelaufbautraining, dann IK-Training. Anfänger und Fitneßsportler brauchen kein IK-Training. Das gemischte Training verbindet die Vorteile beider Methoden, ist aber nicht so wirksam wie der aufeinander folgende Einsatz der beiden Methoden.

Diese Trainingsmethode ist ausschließlich für Fortgeschrittene und Leistungssportler geeignet. Aber auch diese sollten darauf achten, daß ihr Muskelkorsett durch ein Hypertrophietraining auf diese hohen Belastungen vorbereitet wird. Die Durchführung der Übungen erfolgt jeweils so schnell wie möglich, damit durch die willentliche Anspannung mehr motorische Einheiten aktiviert werden. Das Bewegungstempo ist von außen gesehen, bedingt durch die hohen Lasten, trotzdem relativ langsam. Die Vorteile dieser Methode liegen in einem relativ schnellen Kraftgewinn ohne nennenswerte Muskelhypertrophie. Dies ist bei allen Sportarten mit Gewichtsbeschränkung von Vorteil oder bei Disziplinen, bei denen Muskelmasse eher hinderlich ist, wie z. B. dem Hochsprung. Nachteile liegen in der erhöhten Verletzungsgefahr des passiven Bewegungsapparates und der hohen psychischen Belastung. Wird zu früh mit dieser Methode gearbeitet, besteht außerdem die Gefahr, daß keine weiteren Trainingsreserven mehr erschließbar sind; der Muskel wird zu früh ausgereizt.

- **Gemischtes Training**

Beim gemischten Training versucht man, die Vorteile beider Trainingsmethoden zur Maximalkraftsteigerung miteinander zu kombinieren. Es werden sowohl Serien mit Hypertrophiewirkung, als auch Serien mit IK-Wirkung absolviert, meist in Form einer Pyramide angeordnet. Bei einer normalen Pyramide sollte an der Spitze begonnen werden, da höchste Intensitäten nur in ausgeruhtem Zustand wirkungsvoll trainiert werden können. Eine weitere Möglichkeit wäre, nach dem Schema der Doppelpyramide vorzugehen. Dabei wird mit den niederen Intensitäten begonnen und aufgehört. Abbildung 43 zeigt zwei Beispiele für eine einfache und eine Doppelpyramide.

Schnellkrafttraining

Schnellkrafttraining sollte immer nur auf der Basis eines Maximalkrafttrainings absolviert werden. Neben der IK-Methode, die ebenfalls die Kontraktionsgeschwindigkeit der Muskulatur günstig beeinflußt, wird die Schnellkraft dann disziplinspezifisch trainiert. Den günstigen Einfluß des IK-Trainings auf die Schnelligkeit sieht man an den hohen Sprintleistungen, die manche Gewichtheber vor allem über kürzere Distanzen erzielen. Das disziplinspezifische Schnellkrafttraining kann sofort im Anschluß an das IK-Training absolviert werden oder in gesonderten Trainingseinheiten. Dabei wird die Wettkampfdisziplin ohne Zusatzlasten oder mit den Wettkampfgeräten trainiert, z. B. wird Sprungkrafttraining oder Wurftraining mit dem Wettkampfgerät absolviert.

Intensität: maximal
Dauer: 1–10 Wiederholungen
Pause: Serienpause 1–2 Minuten
Umfang: je nach Trainingszustand und Disziplin
Tempo: explosiv

Eine weitere Möglichkeit das Schnellkrafttraining zu variieren wäre, die Gewichte zu erleichtern (z. B. bei Würfen) oder den Athleten zu unterstützen (z. B. durch ein Zugseil). Eine eigenständige Art der Schnellkraft, die in vielen Disziplinen gefordert ist, ist die sogenannte **Reaktivkraft**. Dabei muß die Muskulatur aus der exzentrischen Arbeitsweise schnell in die konzentrische umschalten können, z. B. bei Absprüngen. Man spricht auch von Schnellkraft

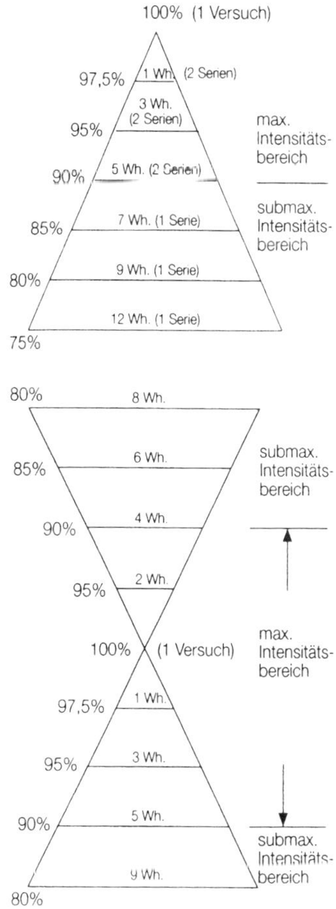

Abb. 43: Schematisches Beispiel einer „Pyramide" für die Kombinationsmethode (oben) und schematisches Beispiel einer „Doppelpyramide" für die Kombinationsmethode (unten) (EHLENZ u. a. 1985, S. 11).

im Dehnungs-Verkürzungs-Zyklus. Diese Kraftart benötigt man auch bei Alltagsbewegungen wie beim Treppabgehen oder dem Stabilisieren im Einbeinstand, z. B. beim Ausrutschen. Voraussetzung für das reaktive Training ist ein funktionierendes Muskelkorsett.

Das Reaktivkrafttraining sollte folgendermaßen aufgebaut werden:

1. Fußtappings: Man sitzt auf einem Stuhl und die Füße führen schnell Bodenkontakte aus, ohne daß die Fersen den Boden berühren.
2. Aufsprünge auf Hindernisse, z. B. auf einen Kleinkasten, mit anschließendem Absteigen.
3. Sprungübungen unter Teilentlastung, z. B. in einer Sprungspinne oder an einer Funktionsstemme.
4. Hüpfen unter Normalbelastung, z. B. Hüpfen beidbeitig in einer leichten Vorwärtsbewegung oder Seilspringen.
5. Sprünge über Hindernisse, z. B. über Kastenteile oder Bänke, auch unter Zeitkontrolle.
6. Sprunglauf.
7. Nieder-Hochsprung mit eigenem Körpergewicht. Dabei wird von einem Kleinkasten (Kastenteil) auf den Boden gesprungen und so schnell wie möglich wieder auf den nächsten Kasten. Die Absprunghöhe sollte so gewählt werden, daß die Fersen beim Bodenkontakt nicht den Boden berühren.

Schnellkrafttraining wird in den Bewegungsabläufen der angestrebten Sportart durchgeführt. Trainingswirkungen:
- Verbesserung der inter- und intramuskulären Koordination,
- Erhöhung der Kontraktionsgeschwindigkeit durch Einbeziehung der FT-Fasern.

Die Nieder-Hochsprünge sind die belastendste Form des Sprungkrafttrainings und verlangen große Erholungszeiten für das Nerv-Muskel-System. Diese Trainingsform wird auch als plyometrisches Training bezeichnet und sollte mit folgenden Belastungskomponenten durchgeführt werden:

Reaktivkrafttraining (= plyometrisches Training):
Intensität: maximal
Dauer: 6–12 Wiederholungen
Pause: 6 Sekunden zwischen den Sprüngen, 4–6 Minuten Serienpause
Umfang: 4–8 Serien

Kraftausdauertraining

Da Kraftausdauertraining sowohl Kraft- als auch Ausdauerfähigkeiten beinhaltet, muß das Training je nach den Erfordernissen der jeweiligen Sportart gestaltet werden. Beim Rudern wird z. B. bei einer relativ kurzen Belastung ein hoher Krafteinsatz gefordert, während beim Skilanglauf mit geringeren Krafteinsätzen über einen sehr langen Zeitraum gearbeitet wird. Hierfür wird auch der Terminus Ausdauerkraft verwendet.

Das Kraftausdauertraining muß den Erfordernissen der jeweiligen Sportart angepaßt werden.

Kraftausdauertraining

Beim allgemeinen Kraftausdauertraining, das als Basistraining für das sportartspezifische Krafttraining angewendet wird, kommt die Organisationsform des Zirkel- oder Circuittrainings zur Anwendung. Dabei werden 6 bis 12 Stationen kreisförmig angeordnet (daher der Name) und nacheinander absolviert. An den Stationen werden wechselnde Muskelgruppen trainiert mit Belastungszeiten zwischen 20 Sekunden und einer Minute. Die Übungen sind einfach und beanspruchen alle wichtigen Muskelgruppen abwechselnd. Diese Organisationsform eignet sich besonders für ein Gruppentraining, da viele Athleten gleichzeitig auf engem Raum trainieren können. Im Fitneßbereich ist diese Methode gut geeignet, da sowohl Kraft als auch Ausdauer geschult wird und das Training in der Gruppe meist als sehr motivierend erlebt wird.

Die allgemeine Kraftausdauer wird im Fitneß- und Gesundheitssport als Kreis- oder Circuittraining organisiert. Trainingswirkungen:
- Verbesserung des aeroben und anaeroben Stoffwechsels,
- Verbesserung der Regenerationsfähigkeit,
- Verbesserung der Kraftausdauer und der Grundkraft (bei Anfängern).

Organisation eines Circuittrainings:
Stationen: 6–12
Dauer: 20 Sek.–1 Min.
Pause: 20 Sek.–40 Sek., Serienpause 3–6 Min.
Umfang: 2–4 Serien

Beispiel für ein Circuittraining im Fitneßbereich:
Station 1: Bauchmuskel (Crunches) (s. S. 117)
Station 2: Sprünge an der Langbank
Station 3: Rückenkräftigung: aus der Bankstellung diagonal ein Bein und einen Arm strecken und wieder beugen (s. S. 121)
Station 4: Liegestütz vorlings
Station 5: Seilspringen
Station 6: schräge Bauchmuskulatur (Crunches diagonal) (s. S. 122)
Station 7: Medizinballwürfe an die Wand
Station 8: halbe Kniebeuge
Station 9: seitliche Liegestützen (s. S. 120)

Alternativ können auch andere Übungen aus dem Praktischen Teil (S. 115 ff.) genommen werden.

Die Übungen sollten auf den Trainingszustand der Übenden abgestimmt sein. Bei heterogenen Gruppen ist es sinnvoll, Varianten bereit zu halten, so daß auch besser Trainierte richtig belastet werden. Beispielsweise können Zusatzlasten verwendet werden, wie Medizinbälle bei den Kniebeugen, oder Liegestützen können durch hochgestellte Beine erschwert werden. Derartige Varianten der Rumpfkraftübungen finden Sie im Praktischen Teil der Funktionellen Gymnastik.

Die Übungen des Circuittrainings auf den Trainingszustand der Athleten abstimmen!

Isometrisches Krafttraining

Isometrisches oder statisches Krafttraining liegt dann vor, wenn gegen unüberwindliche Widerstände in einem meist kurzen Zeitraum Muskelspannung aufgebaut und gehalten wird. Bei einer Muskelspannung von weniger als 15 % der Maximalkraft kann diese Belastung sehr lange gehalten werden, da die Energieversorgung ausschließlich auf aerobem Wege erfolgt. Bei Spannungen bis zu 50 % wird die Energie zunehmend anaerob bereitgestellt, weil durch die steigende Spannung innerhalb der Muskelfasern deren Gefäße komprimiert werden und damit von der Sauerstoffversorgung abgeschnitten werden. So verringert sich die Haltezeit bei 40 % der maximalen Spannung auf ungefähr zwei Minuten. Ab etwa 50 % der Maximalkraft ist die Blutversorgung vollständig gedrosselt, so daß der Muskel nur noch anerob arbeiten kann und dabei zunehmend Laktat produziert. Deshalb vermindern sich die Haltezeiten bei extrem hohen Muskelspannungen deutlich (auf wenige Sekunden).

Isometrisches Krafttraining hat eine hohe Bedeutung vor allem in der Rehabilitation und im Fitneßbereich. Es ist einfach durchzuführen und hat am Anfang des Trainings eine hohe Effektivität. Bei Fortgeschrittenen ist die Kombination mit dynamischem Training sinnvoll.

Welche Belastungskomponenten sind nun für ein isometrisches Krafttraining empfehlenswert? Zunächst ist es nicht leicht, die Trainingsintensität festzustellen, da in der sportlichen Praxis die momentane isometrische Maximalkraft nur schwer bestimmbar ist. Es bestehen jedoch direkte Beziehungen zwischen der Reizintensität und der maximal möglichen Dauer der Anspannung, die von Hettinger 1983 ermittelt wurden (Tab. 11):

Tab. 11: Isometrisches Krafttraining (Verhältnis von Belastungsdauer und Intensität, nach Hettinger, Isometrisches Muskeltraining, Stuttgart 1983).

Reizintensität	**Reizdauer**
100 % = maximal	*2–4 Sekunden*
80–90 % = submaximal	*6–4 Sekunden*
60–70 % = mittel	*10–6 Sekunden*
40–50 % = gering	*20–15 Sekunden*

Für Anfänger sollten pro Muskelgruppe 3–5 Wiederholungen erfolgen, wobei eine Haltezeit von 6–20 Sekunden empfehlenswert ist.

Für die Trainingspraxis von Anfängern ist eine Trainingsintensität von 40 bis 70 %, d. h. eine Haltezeit von 6 bis 20 Sekunden empfehlenswert. Pro Muskelgruppe sollten dabei 3 bis 5 Wiederholungen erfolgen, die Pausen vollständig sein. Dies bedeutet, daß die Anspannungszeit der dritten Wiederholung genauso leicht durchgehalten werden sollte, wie bei der ersten. Bei Untrainierten gilt, daß bereits 30 Trainingsreize pro Woche einen optimalen Kraftzuwachs erbringen. Wie Abbildung 44 zeigt ist der Kraftzu-

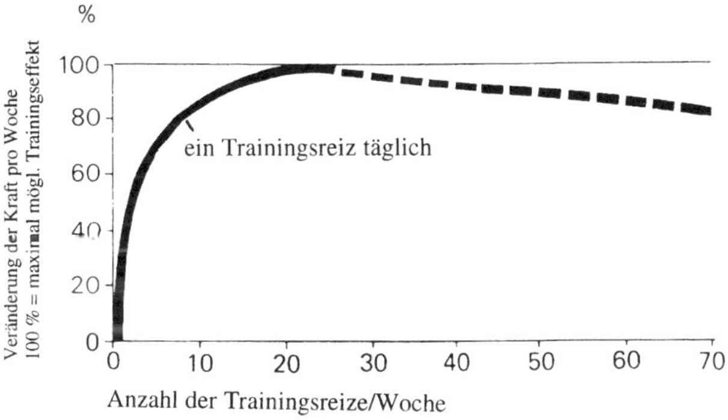

Abb. 44: Kraftzuwachs pro Woche (nach HETTINGER *1983, S. 66).*

wachs pro Woche bei einer weiteren Steigerung der Trainingsumfänge nicht mehr so groß. Dies ist jedoch in erster Linie eine Frage des Ausgangsniveaus. Der schon besser trainierte Athlet tut sich schwerer, weitere Leistungsverbesserungen zu erreichen und muß deshalb mehr oder in höheren Intensitäten trainieren.

Den größten Kraftzuwachs hat der Untrainierte am Beginn des Trainingsprozesses. Hierin liegt auch die große Bedeutung des isometrischen Krafttrainings. Bei Ruhigstellung, z. B. nach einer Verletzung, kann durch Anspannungsübungen eine Muskelatrophie (= Abnahme des Muskelquerschnittes) verhindert bzw. gemildert und das dynamische Krafttraining vorbereitet werden. Im normalen, sportlichen Krafttraining kann es als Abwechslung und Ergänzung zum dynamischen Training eingesetzt werden. Tabelle 12 listet die Vor- und Nachteile des isometrischen Krafttrainings noch einmal auf:

Isometrisches Training kann bei Ruhigstellung eines Muskels z.B. bei einer Verletzung, eine Muskelatrophie verhindern bzw. mildern.

Tab. 12: Vor- und Nachteile des isometrischen Krafttrainings.

Vorteile:	***Nachteile:***
- Bestimmte, auch sehr kleine Muskelgruppen können gezielt trainiert werden. *- Der Kraftzuwachs ist größer als beim dynamischen Krafttraining.* *- Verletzte Sportler können diese Methode bei eingeschränkter Beweglichkeit, z. B. im Gips, anwenden.*	*- Die sportartspezifische Koordination wird nicht geschult.* *- Die lokale Muskelausdauer verbessert sich nicht, da nur kurze Anspannungen im anaeroben Bereich erfolgen.* *- Die Kraftabnahme nach Ende des Trainings erfolgt schneller.*

Allgemeine Grundsätze zum Krafttraining

1. Je weniger trainiert ein Sportler ist, desto allgemeiner sollte sein Training sein. Das bedeutet, daß er möglichst viele Muskelgruppen trainieren sollte, um die Basis für ein spezielles Training zu schaffen. Grundsatz: Rumpfkraft vor Extremitätenkraft.
2. Es genügen relativ geringe Trainingsreize, um einen Fortschritt zu erzielen. Deshalb reichen Übungen mit dem eigenen Körpergewicht oder mit geringen Zusatzlasten. Umfang geht vor Intensität.
3. Der passive Bewegungsapparat (Knochen, Knorpel, Bänder und Sehnen) paßt sich langsamer an, als die Muskulatur. Deshalb: ausreichende Pausen zwischen den Trainingseinheiten und nur eine allmähliche Belastungserhöhung.
4. Je besser ein Sportler trainiert ist, desto langsamer und schwieriger wird der Leistungsfortschritt. Speziellere Trainingsmethoden mit höheren Zusatzlasten (z. B. freie Hanteln) und eine gezielte Planung des Trainingsprozesses werden erforderlich.

Exkurs: Der Muskelkater

Muskelkater ist eine Erscheinung, die sehr vielen Sportlern geläufig ist, aber dennoch häufig mißverstanden wird. Die früher oft genannte Ursache einer hohen Übersäuerung der Muskulatur, erscheint schon aus empirisch-praktischen Gründen als unwahrscheinlich. So erleben die meisten 400-m-Läufer oder Mittelstreckenläufer nach einem Tempolauftraining mit hoher Übersäuerung meist keinen Muskelkater, während nach wenigen „Froschsprüngen" aus der tiefen Hocke oder dem sogenannten „Entengang" fast immer das Phänomen des Muskelschmerzes, der als Muskelkater bezeichnet wird, auftritt. Auch die Tatsache, daß der Schmerz frühestens einige Stunden nach Ende der Belastung, oft aber erst am anderen Tage auftritt, spricht gegen die Übersäuerungsthese.

Ursache des Muskelkaters sind mikrotraumatische Verletzungen des Muskels, nicht hohe Übersäuerungen. Vorbeugung ist nur durch schrittweise Anpassung an ungewohnte, v. a. exzentrische Belastungen möglich.

Folgende Bedingungen begünstigen das Auftreten von Muskelkater: Körperliche Aktivität nach einer längeren Pause, ungewohnte Bewegungen, auch bei ansonsten gut trainierten Athleten, exzentrische Kraftbelastungen. Bestes Beispiel hierfür ist das Bergablaufen oder -gehen, das sehr häufig von Muskelschmerzen am nächsten Tag begleitet wird. Durch elektronenmikroskopische Untersuchungen konnte seit den achziger Jahren die zweite mögliche Hypothese untersucht und bestätigt werden, die Schäden an Muskelzellen oder an Bindegewebsstrukturen als Ursache des Muskelkaters vermutete. So konnten FRIDEN u. a. (1983) Schäden an den Z-Scheiben, die die Sarkomere seitlich begrenzen, feststellen, nachdem Probanden exzentrischen Belastungen ausgesetzt worden waren. In den Z-Scheiben ist das eine der kontraktilen Eiweiße, das Aktin, verankert. FRIDEN fand in bis zu 30 % der Muskelfasern Risse in den Z-Scheiben, allerdings nie ein vollständiges Abreißen (vgl. auch Abb. 45).

Warum sind aber die Schmerzen immer erst nach einer gewissen Zeitverzögerung spürbar? Die Nervenendigungen, die den Schmerz weitermelden, liegen außerhalb der Muskelfasern im Bindegewebe. Sie werden erst gereizt, wenn die beschädigten Strukturen innerhalb der Zelle abgebaut worden sind und mit den Nervenendigungen außerhalb in Kontakt kommen. Außerdem verursachen diese beschädigten Zellreste eine Gewebsschwellung, indem sie Wasser in die Zelle ziehen. Dadurch kann es zu Gefäßeinengungen kommen, was wiederum die Durchblutung

Da die Nervenendigungen außerhalb der Muskelfasern im Bindegewebe liegen, ist der Muskelkater erst zeitverzögert spürbar.

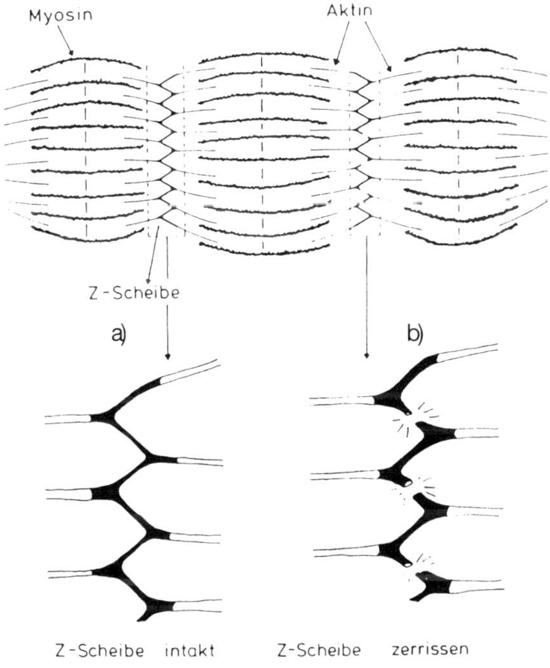

Abb. 45: Mikrotraumen innerhalb der Muskelfaser als Muskelkaterursache (FRIDEN u. a. 1983).

a) Bei einer Kontraktion ziehen die Myosine an den Aktinen, die in den Z-Scheiben verankert sind.

b) Durch Überlastung reißen die Z-Scheiben.

verschlechtert und damit den Schmerz verstärkt. Möglicherweise führt der Muskelschmerz über eine reflektorische Verspannung des Muskels zu einer weiteren Minderdurchblutung und verstärkt so den Schmerz - ein Teufelskreis.

Wie kann der Muskelkater bekämpft werden? Zunächst sollten neue und ungewohnte Bewegungen allmählich und schrittweise geübt werden. Exzentrische Belastungen dürfen nur dosiert eingesetzt werden, v.a. nur nach gründlicher Erwärmung. Die beste langfristige Vorbeugung ist, einen Muskelkater schon einmal erlitten zu haben, da der Muskel einen Gewöhnungseffekt zeigt. Vorbeugendes Dehnen hat, entgegen vielfachen Empfehlungen, keinen Sinn, wie WIEMANN/KAMPHÖFNER (1995) nachwiesen. Kurzfristig durchgeführtes Dehnen vor einer exzentrischen Belastung verstärkte nach ihrer Untersuchung sogar den Muskelkater (!), von einer vorbeugenden Wirkung kann keine Rede sein.

Leichte, durchblutungsfördernde Arbeit oder Wärmebehandlung wirkt sich auf den Heilungsprozeß des Muskelkaters günstig aus.

Ist der Muskelkater erst einmal da, hilft vor allem eine verminderte Belastung der geschädigten Struktur. Durch leichte, durchblutungsfördernde Arbeit oder Wärmebehandlung kann der Heilungsprozeß beschleunigt werden. Passive Dehnungen verringern meist das Schmerzgefühl, während Massagen sich als wirkungslos erwiesen haben, was nach einer frischen Verletzung auch zu erwarten war. Ein Allheilmittel, sowohl in der Vorbeugung wie auch in der Therapie, ist nicht vorhanden, so daß eine dosierte Vorbereitung exzentrischer Belastungen den wirksamsten Schutz vor Muskelkater darstellt.

12 Beweglichkeit und Beweglichkeitstraining

Beweglichkeit ist die motorische Grundeigenschaft, die gemeinhin als die Fähigkeit bezeichnet wird, große Schwingungsweiten in einem Gelenk zu erzeugen. Synonym werden die Begriffe Gelenkigkeit oder Flexibilität verwendet, während die Dehnfähigkeit sich nur auf das Verhalten des Muskels bezieht und damit andere, die Beweglichkeit ebenfalls beeinflussende Faktoren außer acht läßt. In der Physiotherapie wird auch der Begriff der Mobilität verwendet, wobei vor allem die verminderte Beweglichkeit (= Hypomobilität) und die überhöhte Beweglichkeit (= Hypermobilität) Gegenstand des Therapieprozesses sind. Als Definition kann nach Martin gelten: „Beweglichkeit ist die Fähigkeit, Bewegungen willkürlich und gezielt mit der erforderlichen bzw. optimalen Schwingungsweite der beteiligten Gelenke ausführen zu können“ (Martin 1991, S. 214).

Beweglichkeit ist die Fähigkeit, Bewegungen mit der optimalen Schwingungsweite der Gelenke ausführen zu können.

Die Beweglichkeit hängt sehr stark ab von der Temperatur und dem Grad der körperlichen Ermüdung wie Abbildung 46 zeigt: Bei der abgebildeten Testübung, die die Dehnfähigkeit der Oberschenkelrückseite sowie der Rückenstrecker testen soll, ergeben sich recht große Schwankungen, je nach Vorbelastung und Temperatur. So sinkt die Beweglichkeit bei kalten Temperaturen und nach einem ermüdenden Training erheblich, was auf die große Bedeutung des Aufwärmens und der Regenerationsfähigkeit hin-

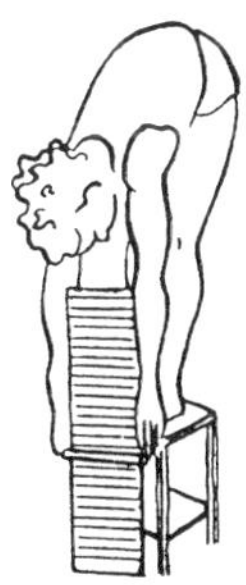

Abb. 46: Veränderungen der Beweglichkeit nach Tageszeit, Körpertemperatur und Ermüdung (nach Martin 1991, S. 214).

	Nach 10 min Aufenthalt im Freien (nackt) bei 10 °C	Nach 10 min Aufenthalt im warmen Wasser bei 10 °C	Nach 20 min Aufwärmtraining	Nach ermüdendem Training
8 Uhr: - 14 12 Uhr: + 35	12 Uhr: - 35	12 Uhr: + 78	12 Uhr: + 89	12 Uhr: - 35 (mm)

Begrenzende Faktoren der Gelenksbeweglichkeit sind:
1. Form und die Funktionsfähigkeit eines Gelenks und der Strukturen, die es umgeben,
2. Dehnfähigkeit der Muskulatur und der zugehörigen Sehnen,
3. die nervöse Steuerung der Muskulatur.

Es besteht ein umgekehrter Zusammenhang zwischen der Mobilität und der Sicherung eines Gelenks. Das Schultergelenk ist z. B. aufgrund seiner knöchernen Struktur sehr beweglich und wird nur von Muskulatur gesichert. Deshalb Achtung vor zu viel Beweglichkeitstraining.

weist, wenn große Beweglichkeitsleistungen vollbracht werden sollen. Welche Faktoren die Beweglichkeit unter bestimmten Umständen beeinträchtigen, soll im folgenden diskutiert werden.

Faktoren der Beweglichkeit

Welches sind die wichtigsten Faktoren, die die Beweglichkeit bestimmen?

a) Aufbau und der Zustand eines Gelenks

Sie bilden einen wichtigen Faktor, wie der Begriff „Gelenkigkeit" bereits nahelegt. Da Gelenke meist aus einer konkav geformten Gelenkpfanne und einem konvex geformten Gelenkkopf bestehen, kann bei schlechtem Zusammenpassen der beiden Teile eine Beeinträchtigung der Beweglichkeit entstehen. Man spricht dann von einer knöchernen Hemmung. Grundsätzlich gibt es Gelenke mit großer Bewegungsmöglichkeit in alle Richtungen wie z. B. das Schultergelenk und nur in einer Richtung beweglichen Scharniergelenken wie das Knie. Die Beweglichkeit des Schultergelenks ist meist nicht durch die knöchernen Anteile bestimmt, sondern durch die Dehnfähigkeit der umgebenden Muskulatur sowie die Mobilität der passiven Gelenkstabilisatoren.

b) Die Form und die Beschaffenheit der Gelenkknorpel, der Gelenkkapsel und der das Gelenk umgebenden Bänder

Die Gelenkknorpel überziehen die Kontaktflächen der beiden aufeinandertreffenden Knochen und haben eine, wenn auch geringe, Anpassungsfähigkeit gegenüber physiologischen Belastungen. Bei häufigerem Wechsel von Be- und Entlastung verdicken und verbreitern sich die Knorpelflächen, so daß eine günstigere Druckverteilung im Gelenk möglich ist. Die Knorpelflächen bleiben dadurch verformbar und behindern die Bewegung im Gelenk nicht. Bei einer Beschädigung der Knorpelflächen (Arthrose) kann es zu einer Einschränkung der Beweglichkeit aufgrund von Schmerzen kommen. Man spricht dann von einer Schmerzhemmung, die die Beweglichkeit erheblich einschränken kann. Jedes Gelenk wird von einer Knochenhaut überzogen, die das Gelenk vollständig abschließt und als Gelenkkapsel bezeichnet wird. Von der Innenhaut des Gelenks, der Synovia, wird eine schleimige Flüssigkeit, die sogenannte Gelenkschmiere, produziert, die zum einen den Nährstoff des Knorpels bildet und zum anderen ein besseres Gleiten des Gelenks ermöglicht. In

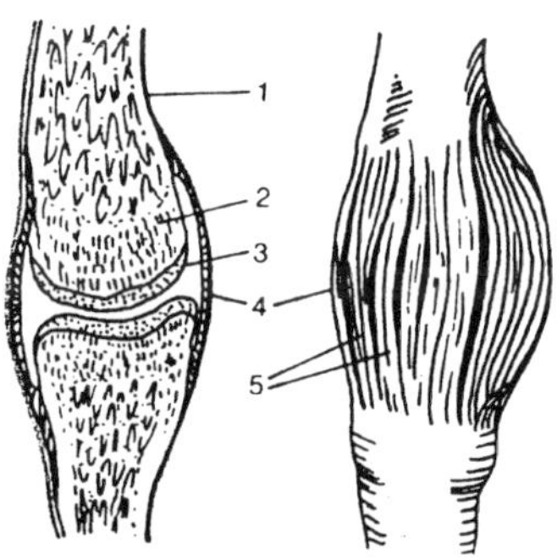

Abb. 47: Bau eines Gelenks.
1 Knochenhaut (Periost); 2 Knochen; 3 Gelenkknorpel; 4 Gelenkkapsel; 5 Bänder.
(Grosser u. a. Konditionstraining, S. 134)

den Gelenkkapseln und in ihrer unmittelbaren Umgebung gibt es Meßfühler, sogenannte Propriozeptoren, die Lage und Spannungszustand der Kapseln an das Zentralnervensystem melden. Diese afferenten Informationen können verschiedenste nervöse Steuerungsmechanismen einschalten, die ebenfalls Einfluss auf die Beweglichkeit nehmen können. Zusätzliche Stabilität erlangen Gelenke durch die Hilfe von Bändern, die z. B. als Führungsbänder das Gelenk sichern. Da Bänder durch Beweglichkeitstraining kaum beeinflußbar sind, können auch sie zu leistungsbegrenzenden Faktoren der Beweglichkeit werden (siehe auch Abb. 47).

Am Kniegelenk sichern in erster Linie Bänder die Stabilität, man bezeichnet dies als Bandführung. Überdehnte Bänder können in ihrer Funktion durch kräftige Muskulatur unterstützt werden.

c) Die mechanischen Eigenschaften der Muskulatur

Die mechanischen Eigenschaften der Muskulatur können am besten mit dem Muskelmodell nach de Marees erklärt werden (siehe de Marees 1989, S. 55). Danach bestimmen drei Komponenten das Verhalten des Muskels (vgl. Abb. 48):

1. die kontraktilen Myofibrillen Aktin und Myosin,
2. die parallel-elastischen bindegewebigen Elemente, die die Muskelfaser umhüllen (Sarkolemm),
3. die serienelastischen Elemente, die von den Muskelhüllen zum Knochen ziehen (Sehnen).

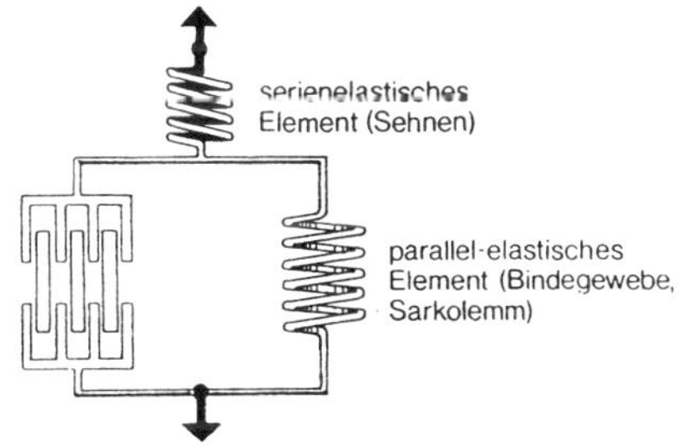

Abb. 48: Muskelmodell (Röthig u. a. Trainingslehre, S. 86).

Begrenzende Faktoren für die Dehnfähigkeit von Muskeln sind seine bindegewebigen Anteile. In der Ruhelänge kann der Muskel die höchste willkürliche Spannung erzeugen, da dort eine optimale Überlappung von Aktin und Myosin stattfindet.

Die Myofibrillen haben neben ihrer Fähigkeit zur Verkürzung grundsätzlich plastische Eigenschaften, d. h. sie setzen einer Dehnung keinen Widerstand entgegen. Bei einer Dehnung gleiten Aktin und Myosin ohne Probleme auseinander, die Überlappung der beiden Eiweißfilamente nimmt ab. Widerstand gegenüber einem Dehnungsreiz leisten dagegen die parallelelastischen Hüllen der Muskelfasern, deren bindegewebige Struktur nicht so leicht zu dehnen ist. Ihr Verhalten ist elastisch, d. h. nach Ende des Deh-

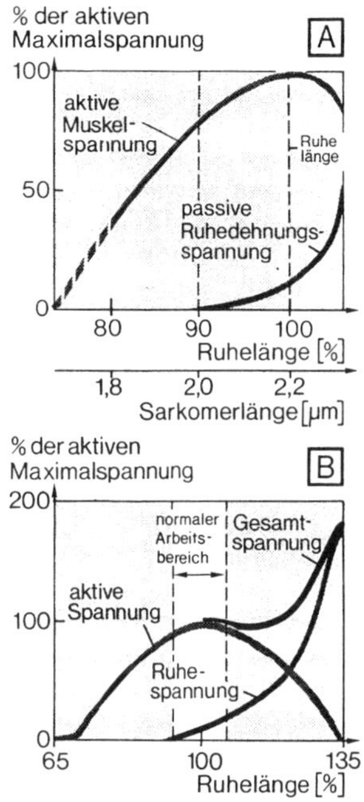

Abb. 49: (A) Aktiv erzeugte Muskelspannung in Abhängigkeit von der Ausgangslänge zu Beginn der Kontraktion. (B) Die nach außen wirksame Gesamtspannung in Abhängigkiet von der Vordehnung (DE MAREES, S. 53).

Die beiden wichtigsten Muskelreflexe sind der Dehnreflex, der von den Muskelspindeln ausgelöst wird und die autogene Hemmung, die von den Golgi-Organen gesteuert wird.

nungsvorganges sind sie bestrebt wieder ihre Ausgangslage einzunehmen. Der Widerstand dieser Elemente gegen eine Dehnung nimmt exponentiell zu: Je stärker der Dehnreiz, desto stärker der Widerstand dagegen.
Ab einer bestimmten Intensität des Dehnens werden auch die serienelastischen Elemente (Sehnen) des Muskels auseinander gezogen. Da auch sie grundsätzlich elastische Eigenschaften haben, verstärken sie den Dehnungswiderstand der parallelelastischen Elemente. Die in Abbildung 49 gezeigte passive Ruhedehnungskurve zeigt einen flachen Kurvenanstieg zu Beginn der Dehnung, da die Myofibrillen offensichtlich leicht gedehnt werden können. Im steileren Teil der Kurve werden zunehmend bindegewebige Anteile gedehnt, was die Muskelspannung sehr stark erhöht und eine weitere Ausdehnung des Muskels verhindert. Die Elastizität vor allem der bindegewebigen Anteile der Muskulatur hat also entscheidenden Einfluß auf die Beweglichkeit. Da das Bindegewebe von Frauen aufgrund anderer hormoneller Einflüsse weniger kompakt ist, läßt es sich auch leichter dehnen. Hierin dürfte der Hauptfaktor der in der Sportpraxis häufig zu beobachtenden besseren Beweglichkeit von Frauen liegen.

d) Die nervösen Steuerungsprozesse der Muskulatur
Ein Muskel kann nie allein nach seinen mechanischen Eigenschaften beurteilt werden, da seine neuronale Steuerung großen Einfluß auf seine Dehnfähigkeit hat. Die Spannung des Muskels, der sogenannte Muskeltonus, beeinflußt das Entspannungsverhalten entscheidend. Die Beeinflussung des Muskeltonus geschieht über verschiedene Rezeptoren, die im Muskel, in der Sehne oder in der Haut liegen können. Diese verschiedenartigen Meldestellen des Körpers senden ein Signal zum Rückenmark, von wo aus eine Beeinflussung des Muskeltonus über verschiedene Verschaltungen möglich ist. Der Tonus kann außerdem von übergeordneten Zentren des Gehirns gesteuert werden, so daß z. B. auch psychische Einflüsse sich auf die Muskelspannung auswirken (z. B. beim Vorstartzustand). Die verschiedenen Reflexmechanismen sind im Kapitel 9 näher erläutert.

Verhalten des Muskels bei Vordehnung

Im Normalzustand weist jeder Muskel eine gewisse Vordehnung auf, da er am Ansatz und am Ursprung jeweils an einem Knochen befestigt ist. Würde man den Muskel von einer der beiden Ansatzstellen lösen, zöge er sich bis zur sogenannten Minimallänge zusammen. Unter Normalbe-

Vordehnung

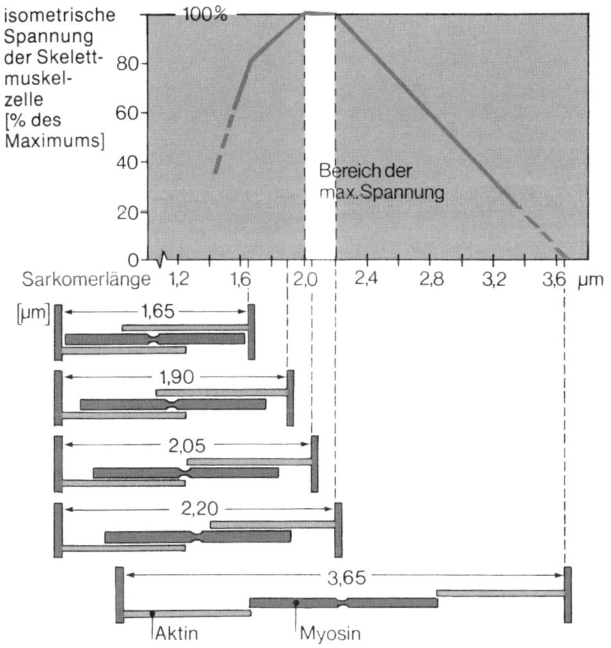

Abb. 50: Aktive isometrische Muskelspannung in Abhängigkeit von der Sarkomerlänge zu Beginn der Kontraktion (DE MAREES, S. 55).

dingungen, d. h. wenn der Muskel sich in entspannter Ruhelage befindet und auf ca. 120 % der Minimallänge gedehnt ist, sind die Sehnen leicht vorgedehnt, so daß die aktiv entwickelte Kraft sich optimal auf den Knochen überträgt. In dieser Position überlappen sich Aktin und Myosin optimal, man spricht von der sogenannten Ruhelänge. Wie Abbildung 50 zeigt, beträgt die Sarkomerlänge dabei 2,2 µm.

Befindet sich der Muskel in Ruhelage, sind die Sehnen leicht vorgedehnt und können so die Kraft optimal übertragen.

Bei vielen sportlichen Bewegungen, wie z. B. bei Würfen oder Sprüngen, erfolgt jedoch eine weit stärkere Vordehnung des Sarkomers. Trotz der dadurch ungünstigeren Überlappung der kontraktilen Eiweißfäden Aktin und Myosin ist so eine deutliche Erhöhung der Gesamtspannung des Muskels möglich. Zum einen wird in den passiven Strukturen des Muskels, v.a. in den Sehnen, durch die Vordehnung Energie gespeichert, die bei der folgenden Kontraktion zusätzlich freigesetzt werden kann. Zweitens wird bei einer ruckartigen Dehnung des Muskels über Reflexmechanismen die Kontraktion des Muskels verstärkt und die Gesamtspannung des Muskels deutlich erhöht.

Die vom Muskel erzeugte Gesamtspannung setzt sich also immer aus zwei Elementen zusammen:

1. aus der von den Sarkomeren durch Querbrückenbildung aktiv erzeugten Spannung, die durch den Dehnreflex verstärkt werden kann,
2. aus der in den passiven Strukturen durch Vordehnung gespeicherten potentiellen Energie, die bei der Kontraktion frei wird.

Bei zu starker Vordehnung nimmt die Gesamtspannung ab.

Aus diesen Erkenntnissen ergibt sich jedoch nicht, daß eine möglichst große Vordehnung die besten Bedingungen für eine Kraftentfaltung bietet. Bei einer zu starken Vordehnung nimmt die Überlappung von Aktin und Myosin so stark ab, daß die aktiv erzeugte Spannung stärker abfällt als die passiv gespeicherte Spannung zunimmt, so daß die Gesamtspannung ebenfalls abnimmt. Die höchste Gesamtspannung ergibt sich, wie aus Abbildung 49 zu entnehmen ist, bei einer Vordehnung auf etwa 135 % der Ruhelänge.

Arten der Beweglichkeit

Da die Beweglichkeit in sehr verschiedener Form zur Anwendung kommen kann, muß in einer Systematik den unterschiedlichen Bewegungsanforderungen Rechnung getragen werden. Es erscheint deshalb sinnvoll eine Einteilung in die Gegensatzpaare allgemeine und spezielle, aktive und passive sowie statische und dynamische Beweglichkeit vorzunehmen.

• **Wirkungen von Dehnungen:**

Die Hauptfrage bei der Betrachtung der Beweglichkeit ist, auf welche Strukturen überhaupt Einfluß genommen werden kann durch Dehnmaßnahmen. Da die kontraktilen Anteile des Muskels plastische Eigenschaften besitzen, werden vor allem die parallel- und serienelastischen Elemente des Muskels, gemäß dem Modell auf Se. 87, beansprucht. Spürt man beim Dehnen ein „Ziehen“ in der betroffenen Muskulatur werden Schmerzrezeptoren in den Muskeln und Mechanrezeptoren in den serienelastischen Elementen gereizt, so daß eine weitere Aufdehnung verhindert wird. Das Gelenkmuskelsystem befindet sich an seiner momentanen Beweglichkeitsgrenze. Durch wiederholtes Dehnen steigt vermutlich die Toleranzschwelle dieser Rezeptoren, der Dehnreiz wird erst bei größerem Bewegungsausmaß spürbar. Werden Dehnungen über einen längeren Zeitraum vernachläßigt (z. B. durch Immobilisation) sinkt die Reizschwelle und der Dehnreiz wird bei geringerer Bewegungsreichweite wahrgenommen. Deshalb ist es wichtig, die mögliche Bewegungsamplitude im-

mer wieder voll auszuschöpfen, um eine Anpassung der Rezeptoren zu erreiche.
Eine langfristige strukturelle Anpassung des muskulären Bindegewebes ist bisher nur durch Dauerdehnen im Tierexperiment bzw. durch Dehnungen im unphysiologischen Bereich nachgewiesen worden. (vgl. Wiemann 1994) und hat für Dehnungsprozesse am lebenden Menschen keine Bedeutung.

- **Der Muskeltonus**

Die Veränderung des Muskeltones, d. h. der muskulären Spannung durch Dehnübungen ist nach dem momentanen Stand der wissenschaftlichen Forschung umstritten. Freiwald (1993) konnte zeigen, daß die Muskelspannung nicht objektiv faßbar ist, z. B. zeigt ein gesunder Muskel in Ruhelage keine elektrische Spannung, die mittels E MG gemessen werden könnte. Spannungsveränderungen, die manuell ertastet werden, sind objektiv nicht erfaßbar, so daß Einflüsse von Dehnvorgängen wissenschaftlich schwer zu bestimmen sind. Dabei soll nicht bestritten werden, daß z. B. Nervosität oder Verletzungen den Muskeltonus verändern und die Leistungsfähigkeit der Muskulatur beeinflussen.

- **Allgemeine und spezielle Beweglichkeit**

Die allgemeine Beweglichkeit bezeichnet „ein durchschnittliches Niveau an Beweglichkeit in den wichtigsten Gelenksystemen“ (MARTIN 1991, S. 215). Was jedoch ein durchschnittliches oder ausreichendes Maß an Beweglichkeit ist, kann durchaus umstritten sein. Für den nichtsporttreibenden Normalbürger dürfte eine Beweglichkeit ausreichen, die ihm erlaubt, ohne Probleme Alltagsbewegungen wie Überkopfarbeit im Haushalt oder Drehungen und Biegungen der Wirbelsäule ohne bionegative Belastung der passiven Gelenkstabilisatoren auszuführen.
JANDA hat in seiner „Manuellen Muskelfunktionsdiagnostik“ (1994) Tests entwickelt, die verschiedene Stufen der Muskelverkürzung unterscheiden, und eine ungefähre Orientierung bieten, welche Dehnfähigkeit in welchem Gelenk als normal anzusehen ist. Die spezielle Beweglichkeit bezieht sich auf die Beweglichkeit in einem bestimmten Gelenk und ist oft bei sportartspezifischen Belastungen gefragt. So braucht der Hürdenläufer eine spezielle Beweglichkeit im Hüftgelenk, die Sportlerin der Rhythmischen Sportgymnastik eine spezielle Wirbelsäulenbeweglichkeit und der Delphinschwimmer eine besondere Beweglichkeit im Schultergelenk. Aber auch der tennisspielende Freizeit-

> Die allgemeine Beweglichkeit ist die durchschnittliche Beweglichkeit in den wichtigsten Gelenken und sollte das Trainingsziel für den Freizeit- und Fitneßsportler sein. Die spezielle Beweglichkeit ist sportartspezifisch sehr unterschiedlich und Ziel des Leistungstrainings.

sportler braucht für eine optimale Bewegungsausführung, z. B. des Überkopf-Aufschlages, eine erhöhte, spezielle Beweglichkeit in der Wirbelsäule und im Schultergelenk.

Die aktive Beweglichkeit kann ohne fremde Hilfe, nur mit der Kraft der antagonistischen Muskulatur erzielt werden. Die passive Beweglichkeit wird mit fremder Hilfe realisiert und ist immer größer als die aktive.

- **Aktive und passive Beweglichkeit**

Als aktive Beweglichkeit bezeichnet man die größtmögliche Schwingungsweite in einem Gelenk, die ohne Hilfe von außen realisiert werden kann. Leistungsbegrenzender Faktor hierfür ist die Kraft des Antagonisten, der den zu dehnenden Muskel in die entsprechende Dehnstellung bringt. Man kann die aktive Beweglichkeit noch in aktivstatische und aktiv-dynamische Beweglichkeit unterteilen.

Bei der aktiv-statischen zieht der Antagonist den Agonisten langsam bis zur möglichen Endstellung und hält ihn dort. Je stärker der Antagonist zieht, desto mehr wird der Agonist gedehnt. Die Dehnwirkung auf den Agonisten hängt also direkt von der Kraft des Antagonisten ab. Beispiel: Der große Brustmuskel kann gedehnt werden, indem sich die hintere Schulterblattmuskulatur kontrahiert bis die Dehnstellung erreicht ist. Die aktiv-dynamische Beweglichkeit wird z. B. beim Hochreißen des gestreckten Schwungbeins bei der Wälzer-Technik im Hochsprung, dem sogenannten Straddle, gefordert. Durch die Kontraktion der Hüftbeuger wird die Oberschenkelrückseite dynamisch gedehnt. Auch die bei der aktiv-statischen Beweglichkeit beschriebene Übung kann dynamisch ausgeführt werden, indem die Arme durch rhythmische Kontraktionen nach hinten geführt werden (vgl. auch Praxisteil „Dehnübungen“ unter 7b). Bei dieser Art der Beweglichkeit spielt neben der Kraft der antagonistischen Muskulatur die neuronale Steuerung des Muskels (Dehnreflex) eine entscheidende Rolle.

Passive Beweglichkeit ist die größtmögliche Bewegungsamplitude, die in einem Gelenk unter Zuhilfenahme äußerer Kräfte erzielt werden kann. Diese Unterstützung kann durch die Schwerkraft, durch einen Partner, durch Hilfsgeräte o.ä. erfolgen. Die passive Beweglichkeit ist wegen dieser Unterstützung immer größer als die aktive Form, und wird bei den verschiedensten Dehnmethoden beansprucht (vgl. auch Praxisteil).

Dehnungsmethoden

In der traditionellen Trainingslehre werden vier Dehnungsmethoden oder -techniken unterschieden, wobei jeweils Varianten in der Ausführung möglich sind. In Abbildung 51

sind die verschiedenen Dehnungsarten systematisch zusammengefaßt und die dazu gehörenden Einflußfaktoren benannt.
Bei den **aktiven Dehntechniken** bestimmt der Gegenspieler (Antagonist) des zu dehnenden Muskels die Dehnstellung. Je größer die Kraft des Antagonisten ist, desto starker kann der Agonist gedehnt werden; bei einer Schwäche des Antagonisten ist eine effektive Dehnung nicht möglich. Beim aktiv-statischen Dehnen sollte der zu dehnende Muskel in eine Stellung gezogen werden, in der ein leichtes Ziehen spürbar ist, und dort wenigstens 8 bis 10 Sekunden gehalten werden. Nach dem Dehnvorgang sollte eine leichte Entspannung des Muskels spürbar sein. Beim aktiv-dynamischen Dehnen wird der Muskel aus einer leichten Vordehnungsstellung durch rhythmisch-federnde Bewegungen weiter gedehnt. Auch hier bestimmt die Kraft des Antagonisten die Dehnung, wobei das Nachfedern nicht ruckartig-zerrend sondern rhythmisch-einschleichend erfolgen sollte. Jede Übung sollt wenigstens 15 bis 20mal wiederholt werden.
Bei den **passiven Dehnarten** erfolgt die Dehnung mit Hilfe der Schwerkraft, eines Partners, eines Gerätes oder ande-

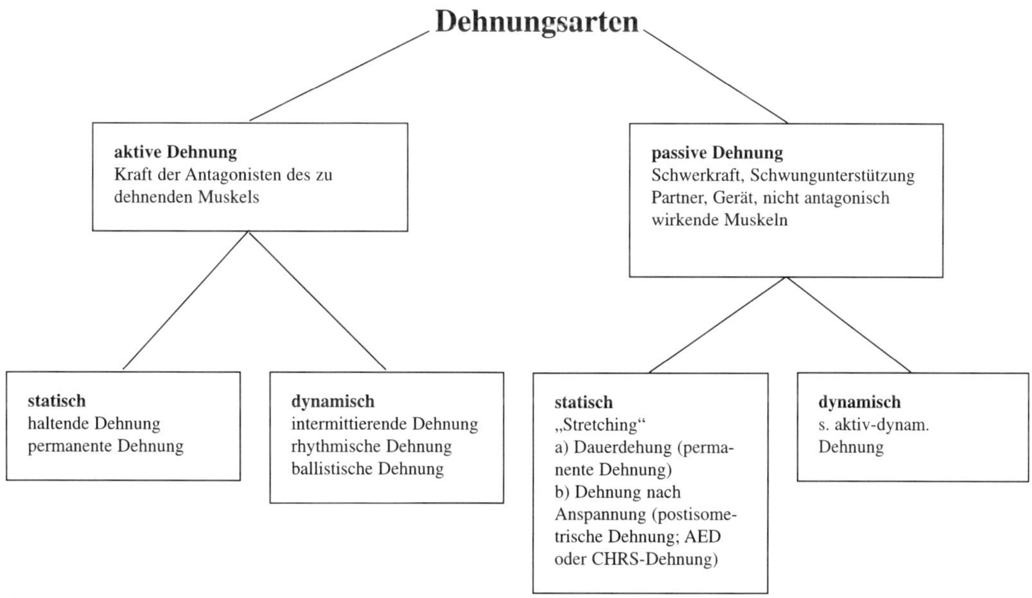

Abb. 51: Die verschiedenen Dehnungsarten (nach Hoster 1987, S. 1523).

Aktive Dehnungen werden mit Hilfe der antagonistischen Muskulatur realisiert, entweder statisch (= haltend) oder dynamisch (= nachfedernd). Passive Dehnungen werden mit fremder Hilfe durchgeführt, entweder statisch (= Stretching) oder dynamisch (= nachfedernd mit Hilfsmitteln).

ren, nicht antagonistischen Muskelgruppen. Beim passiv-dynamischen Dehnen wird aus einer leichten Vordehnung durch Schwungunterstützung oder mit Hilfe eines Partners der Muskel weiter gedehnt. Diese Methode unterscheidet sich vom aktiv-dynamischen Dehnen nur dadurch, daß nicht die antagonistische Muskulatur die Dehnung verstärkt, sondern andere Hilfskräfte. Deshalb wird bei dieser Dehnungsart nicht das spezifische Zusammenwirken von Agonist und Antagonist (z. B. die reziproke Hemmung) geschult, die Dehnwirkung ist aber ähnlich wie bei der aktiven Form.

Bei den **passiv-statischen Techniken** kann man im wesentlichen drei Arten unterscheiden: Beim klassischen Stretching wird eine bestimmte Dehnstellung eingenommen und diese dann 8 bis 20 Sekunden lang ohne Nachfedern oder Wippen gehalten. Bei der zweiten Wiederholung sollte die Dehnstellung etwas erweitert werden, da der Muskel bereits dehnfähiger ist.

Eine zweite Möglichkeit besteht darin, vor dem Dehnen die Muskulatur isometrisch anzuspannen, und erst danach die Dehnstellung einzunehmen. Man nennt diese Methode postisometrische Relaxation, Anspannungs-Entspannungs-Dehnen (AED) oder CHRS-Methode.

Bei der dritten Technik wird die Wirkung des statischen Stretchings durch Kontraktion des Antagonisten verstärkt. Der Sportler nimmt eine leichte Dehnstellung ein und spannt dann den Antagonisten an. Durch diese Anspannung wird einerseits die Dehnung verstärkt, andererseits soll durch den Mechanismus der reziproken Hemmung (vgl. auch Kap. 9) der zu dehnende Muskel gehemmt und dadurch leichter dehnbar sein. Die Durchführungsart und die Belastungskomponenten der verschiedenen Dehnungsarten sind in Tabelle 13 noch einmal aufgelistet.

Vor- und Nachteile der verschiedenen Dehnarten

In den letzten Jahren ist in der Trainingswissenschaft ein heftiger Streit darüber entbrannt, welche Dehntechnik die effektivste sei. Vertreter des passiv-statischen Dehnens (Stretching), wie z. B. SÖLVEBORN (1983) oder KNEBEL (1985), lehnen aktiv-dynamisches Dehnen als „unfunktionell“, als „Zerrgymnastik“ und als „nicht mehr dem neuesten wissenschaftlichen Stand entsprechend“ ab. Dabei wird nicht immer mit ausreichend gesicherten Begründungen argumentiert.

Dehnungsmethoden

Tab. 13: Die Durchführung der verschiedenen Dehnungsarten.

1. Aktiv-statisches Dehnen	*Der Muskel wird durch Kontraktion der antagonistischen Muskulatur in die Dehnstellung gebracht und bleibt dort 8–30 Sekunden lang. Pro Muskel erfolgen 2–3 Wiederholungen.*
2. Aktiv-dynamisches Dehnen	*Aus der leichten Vordehnung erfolgt durch rhythmische Kontraktionen des Antagonisten eine Verstärkung der Dehnung. Das Nachfedern erfolgt in sehr kleinen, einschleichenden Bewegungen, ohne daß am Muskel „gerissen" oder „gezerrt" wird. Wiederholungszahl 15–30 in 3–5 Serien.*
3. Passiv-dynamisches Dehnen	*Gleiche Vorgehensweise wie beim aktiv-dynamischen Dehnen, nur daß die Dehnung durch einen Partner, die Schwerkraft oder andere Muskeln unterstützt wird, anstatt durch die antagonistische Muskulatur.*
4. Passiv-statisches Dehnen	*a) gehaltenes Dehnen (= Stretching): Es wird eine Dehnstellung eingenommen, bei der ein leichtes „Ziehen" spürbar ist und diese Position 8–30 Sekunden gehalten. Bei der zweiten Wiederholung kann die Dehnposition etwas verstärkt werden. Pro Muskelgruppe sollten 2–3 Wiederholungen durchgeführt werden.* *b) Anspannungs-Entspannungs-Dehnen (AED/CHRS):* *C = contract = anspannen,* *H = hold = halten der Anspannung 8–10 Sekunden,* *R = relax = entspannen 2–3 Sekunden,* *S = stretch = dehnen 8–10 Sekunden.* *Die Anspannung erfolgt mit mittlerer Intensität, das Dehnen wie beim Stretching. Die vier Elemente zusammen ergeben einen Dehnzyklus. Der ganze Zyklus sollte 3–5 mal wiederholt werden, wobei die jeweils nächste Anspannung aus der vorigen Dehnstellung erfolgt.* *c) Statisches Dehnen mit Antagonistenkontraktion:* *Nach dem Einnehmen der Dehnstellung wird die Dehnung durch Anspannen des Antagonisten verstärkt. Die Dehnung wird 8–15 Sekunden gehalten und 2–4 mal je Muskelgruppe wiederholt.*

Als Hauptargument gegen das aktiv-dynamische Dehnen wird das Einsetzen des Muskeldehnreflexes beim Nachfedern genannt, ohne daß diese Behauptung wissenschaftlich bewiesen wäre. Bezug genommen wird dabei meist auf ruckartige Gymnastikformen „nach altväterlicher Sitte" (Knebel 1993) wie sie vielleicht einmal von Turnvater Jahn und seinen Adepten praktiziert wurden, die jedoch von einer modernen Praxis weit entfernt sind. Durch millimeterweises, „einschleichendes" Dehnen mit vorsichtigen Bewegungen aus einer leichten Vordehnung heraus dürfte der Muskeldehnreflex kaum ausgelöst werden, auch die Gefahr einer Verletzung besteht dann kaum. Der Erfolg des dynamischen Dehnens steht zudem empirisch außer Frage, da in Sportarten wie dem Turnen, der Rhythmischen Sportgymnastik oder vielen Kampfsportarten diese Methode seit Jahrhunderten mit Erfolg praktiziert wird.

Bei vorsichtigem, „einschleichendem" Dehnen wird der Muskeldehnreflex nicht ausgelöst.

Auch die Behauptung, Stretching schütze vor Verletzungen, ist bisher nicht eindeutig bewiesen; im Falle der Entstehung von Muskelkater ergibt sich ein solcher Zusammenhang jedenfalls nicht. Weitere günstige Wirkungen werden dem Stretching bezüglich einer entspannenden Wirkung nachgesagt: Der Muskeltonus könne gesenkt und somit die Umstellung auf die vagotone Ruhelage nach einer Belastung begünstigt werden. Nach einer Untersuchung von WIEMANN (1993) konnte eine Senkung des Muskeltonus durch Stretching nicht nachgewiesen werden. Allerdings scheint diese Dehnmethode Einwirkungen auf die Psyche des Sportlers zu haben: Er fühlt sich subjektiv entspannter und empfindet weniger Widerstand gegen Dehnungen.

Durch Stretching wird der Muskeltonus nicht gesenkt.

Die Nachteile, die dem Stretching zugeschrieben werden müssen, sind zugleich die Vorteile des dynamischen Dehnens. Der Aufwärmeffekt bei dynamischen Bewegungen ist zweifellos höher als bei statischen, was in der Vorbereitung des Trainings für dynamisches Dehnen spräche. Durch Einsatz des Antagonisten bei der aktiven Dehnung wird das Bewegungsmuster der reziproken Innervation ausgebildet, das für sauber koordinierte Bewegungen unerläßlich ist. Bei der dynamischen Dehnung können außerdem ganze Muskelketten eingesetzt werden, was sportartspezifische Bewegungsmuster schult. In den meisten sportlichen Bewegungsabläufen werden Muskeln dynamisch und nicht statisch gedehnt, so daß direkt vor einem Training das dynamische Dehnen effektiver erscheint.

Der Aufwärmeffekt ist bei dynamischen Übungen höher als bei statischen.

Dynamisches Dehnen fördert die sportartspezifische Koordination.

Demgegenüber hat Stretching auch unbestreitbare Vorteile: Die Dehndauer und somit das Einwirken eines Reizes auf den Muskel ist meist länger, da keine Pausen zwischen den Dehnreizen entstehen. Die Konzentration auf einen bestimmten Muskel und die Einnahme einer funktionalen Dehnstellung fällt in der Regel leichter. Dadurch entsteht häufig ein besseres Muskelgefühl beim Dehnen. Durch die geringere Anstrengung kann nach einem erschöpfenden Training besser in die Erholungsphase übergeleitet werden.

Die zweite Form des statischen Dehnens ist die CHRS-Methode, die aus der Physiotherapie kommt und z. B. von SÖLVEBORN (1983) als alleiniges Stretching bezeichnet wird. Dabei wird dem Dehnvorgang eine isometrische Anspannung der zu dehnenden Muskulatur vorangestellt, wobei über die Stärke dieser Anspannung unterschiedliche Meinungen bestehen. SÖLVEBORN (1982) spricht von „größtmöglicher Kraft“, BADTKE (1987) von „mäßiger Anspannung“, LEWIT (1983) von „Anspannung mit minimaler Kraft“.Als

Die CHRS-Methode hat sich in der sportlichen Praxis nicht durchgesetzt, da sie sehr zeitraubend und schwierig durchzuführen ist.

Vor- und Nachteile

Als Begründung für die Anspannung dient meist die Behauptung, daß durch die Anspannung eine „autogene Hemmung" des Muskels ausgelöst wird, die in der Folge die Dehnung des Muskels erleichtere. Da eine solche Hemmung aber nur Sekundenbruchteile anhält und bei den angesprochenen Spannungen wahrscheinlich gar nicht auftritt, scheint diese Begründung wenig wahrscheinlich. Eher könnte eine Vordehnung der elastischen Elemente des Muskels (Sarkolemm, Sehnen) die anschließende Dehnung der kontraktilen Elemente erleichtern, indem sich der Dehnungswiderstand so verringert. Ein Hauptvorteil der CHRS-Methode könnte in der gleichzeitigen Kräftigung und Dehnung des Muskels bestehen, so daß muskuläre Dysbalancen eventuell günstig beeinflußt werden könnten. Insgesamt läßt sich eine eindeutige Überlegenheit einer bestimmten Technik aber nicht feststellen, was auch durch die Untersuchungen von WYDRA (1994) bestätigen.

Eine gleichzeitige Dehnung und Kräftigung des Muskels ist der Vorteil der CHRS-Methode.

13 Muskuläre Dysbalance

Einer der wichtigsten Begriffe, der in der Diskussion um die Notwendigkeit einer funktionsorientierten Gymnastik seit den achziger Jahren eine wichtige Rolle spielt, ist die muskuläre Balance oder als Gegenbegriff die **muskuläre Dysbalance**. Mit muskulärer Dysbalance ist zunächst ein Ungleichgewicht zwischen der Kraft und der Dehnfähigkeit der Muskeln im Bereich eines Gelenkes gemeint. Dieses Ungleichgewicht kann auftreten,

1. zwischen Agonist und Antagonist an einem Gelenk, z. B. zwischen Kniegelenkstreckern (M. quadriceps) und Kniegelenkbeugern (M. ischiocurales),
2. zwischen den Muskeln in einer Muskelschlinge; die höchste Belastung (und damit evtl. Überlastung) erfährt dabei immer das schwächste Glied in der Kette,
3. zwischen linker und rechter Körperseite oder linker und rechter Extremität.

Die muskuläre Dysbalance bezeichnet ein Ungleichgewicht zwischen der Kraft und der Beweglichkeit antagonistisch wirkender Muskeln an einem Gelenk. Sie ermöglicht unphysiologische Gelenkstellungen, die zu einseitigen und damit verletzungsanfälligen Belastungen führen können.

Bei der Diskussion um muskuläre Dysbalancen hat Spring 1981 ein Konzept entwickelt, das von einer Einteilung der Muskulatur in drei Gruppen ausgeht, welche sich von ihrer Entwicklungsgeschichte (Phylogenese) und ihrer Funktion her unterscheiden (Tab. 14):

Tab. 14: Charakteristik der tonischen (posturalen) und phasischen Muskulatur (modifiziert nach Spring 1992).

Eigenschaft	***tonisch***	***phasisch***
Funktion	*vorwiegend haltend*	*vorwiegend bewegend*
Reaktion auf Überlastung	*Verkürzung*	*Abschwächung*
Phylogenese	*älter*	*jünger*
gegenseitige Einflüsse	*ein verkürzter Muskel hemmt refelktorisch seine phasischen Antagonisten*	*abgeschwächte phasische Muskeln sind wegen dieser reflektorischen Hemmung nicht optimal trainierbar*
Fasertyp	*mehr ST-Fasern*	*mehr FT-Fasern*

Ursachen für muskuläre Dysbalancen können in der Abschwächung oder Verkürzung bestimmter Muskeln oder Muskelgruppen liegen. Verkürzte Muskeln sollten gedehnt und gleichzeitig ihre Antagonisten gekräftigt werden. Isolierte Dehnmaßnahmen sind meist nicht erfolgreich. Sind Muskeln aufgrund einer Schwäche verkürzt (Verkürzungsschwäche) müssen sie auch gekräftigt werden. Zu schwache Muskeln müssen gekräftigt werden. Die Gefahr einer Verkürzung durch Kräftigungsmaßnahmen besteht grundsätzlich nicht.

Dabei reagiert der entwicklungsgeschichtlich ältere, tonische Muskeltyp, der vorwiegend Haltefunktionen zu erfüllen hat, bei Über- bzw. Fehlbelastungen mit Verkürzung, die jüngere phasische Muskulatur, die vorwiegend Bewegungsfunktionen ausübt, reagiert mit einer Abschwächung. Eine dritte Gruppe von Muskeln stellt einen Mischtyp aus den beiden erstgenannten dar und ist in ihrer Reaktion nicht eindeutig.
Aus dieser Einteilung leiten sich dann folgende funktionsgymnastische Maßnahmen ab:

1. Die zur Verkürzung neigende tonische Muskulatur muß eher gedehnt werden.
2. Die zur Abschwächung neigende phasische Muskulatur muß gekräftigt werden.

Mit Hilfe der „Muskelfunktionsdiagnostik“, die sich sehr stark an den Arbeiten von Janda orientiert, läßt sich eine Systematik der beiden Muskelgruppen erstellen und Defizite am Bewegungsapparat erkennen. Die Funktionsprüfung sollte nach Jandas „Manueller Muskelfunktionsdiagnostik“ (1994) für jede Person individuell vorgenommen und danach ein Trainingsprogramm aufgestellt werden. Die wichtigsten Muskeln, die eine Tendenz zur Abschwächung oder zur Verkürzung zeigen, sind in den beiden folgenden Tabellen 15 und 16 zusammengefaßt.
Diese Einteilung in zur Abschwächung bzw. zur Verkürzung neigende Muskeln kann eine grobe Orientierung geben, in welche Richtung trainiert werden sollte. Die Behauptung, daß zur Abschwächung neigende Bewegungsmuskeln keine Haltefunktion haben, muß allerdings mit Vorsicht genossen werden. So erfüllen z. B. die Bauchmuskeln eine Haltefunktion, wenn der Oberkörper zurückgebeugt wird. Um den Körper im Gleichgewicht zu halten, müssen die Bauchmuskeln angespannt werden. Dies ist durch einen einfachen Test überprüfbar: Bei zurückgelegtem Oberkörper spannen sich die Bauchmuskeln an, bei vorgebeugtem Oberkörper erschlaffen sie. Ähnlich verhält es sich bei der Hüftbeuge- und Hüftstreckmuskulatur. Die Hüftbeuger haben nur dann eine Haltefunktion, wenn das Becken vorgeschoben ist; bei zurückgeschobenem Becken („Hüftknick“) dienen die Hüftstrecker als Haltemuskeln.
Bei der Zuordnung einzelner Muskeln oder Muskelgruppen müssen allerdings auch individuelle Unterschiede durch verschiedene Körperhaltungen oder Muskelbeanspruchungen berücksichtigt werden:

Tab. 15: Zur Verkürzung neigende Muskeln (nach JANDA 1976 und SPRING 1992).

- *Großer Brustmuskel (M. pectoralis major)*
- *Schulterblattheber (M. levator scapulae)*
- *Kapuzenmuskel, absteigender Anteil (M. trapezius, pars descendens)*
- *Rückenstrecker (M. erector spinae cervicalis et lumbalis)*
- *Viereckiger Lendenmuskel (M. quadratus lumborum)*
- *Birnenförmiger Muskel (M. piriformis)*
- *Hüftgelenkbeuger (M. iliopsoas)*
- *Kniegelenkstrecker, gerader Kopf (M. rectus femoris)*
- *Oberschenkelanzieher (M. adductores)*
- *Schenkelbindenspanner (M. tensor fasciae latae)*
- *Kniegelenkbeuger (M. ischiocurales)*
- *Wadenmuskeln (M. triceps surae)*

Tab. 16: Zur Abschwächung neigende Muskeln (nach JANDA 1976 und SPRING 1992).

- *Rautenmuskeln (Mm. rhomboidei)*
- *Kapuzenmuskel, aufsteigender und mittlerer Teil (M. trapezius, pars ascendens et pars horizontalis)*
- *Ellbogenstrecker (M. triceps brachii)*
- *Rückenstrecker im mittleren Bereich (M. erector spinae thoracalis)*
- *Gerade und schräge Bauchmuskeln (M. abdominis rectus et obliquus)*
- *Gesäßmuskeln (M. glutaeus maximus, medius et minimus)*
- *Kniegelenkstrecker, innerer und äußerer Anteil (M. vastus medialis et lateralis)*
- *Schienbeinmuskeln (M. tibialis anterior)*
- *Fußmuskeln (Mm. peronaei)*

- **Zur Fasertypverteilung**

Aufgrund seiner Funktion als Haltemuskel geht man z. B. beim Schollenmuskel davon aus, daß er überwiegend ST-Fasern enthält, der Ellbogenstrecker dagegen wird eher dem phasischen Typ zugeordnet und läßt ein Überwiegen des FT-Typs erwarten. Bei Untersuchungen von M. A. JOHNSON u. a. (1973) konnten jedoch große interindividuelle Schwankungen festgestellt werden. So betrug der Anteil an ST-Fasern beim Schollenmuskel zwischen 69,8 und 100 %, was die Zuordnung zum tonischen Typ sicher rechtfertigt, während beim Ellbogenstrecker zwischen 14,5 und 58,2 % ST-Fasern gefunden wurden. Auch bei den Bauchmuskeln schwankte der ST-Wert zwischen 31,6 und 56,2 %, so daß diese Muskeln bei verschiedenen Menschen offensichtlich unterschiedliche Funktion haben und nicht ohne weiteres dem einen oder anderen Typ zugeordnet werden können.

• **Wechselseitige Einflüsse**

Nach dem Konzept von Spring (1981), das von vielen Autoren recht kritiklos übernommen wurde, besteht ein Ungleichgewicht zwischen tonischer und phasischer Muskulatur. Verkürzte tonische Muskulatur bewirkt eine weitere Abschwächung der phasischen Antagonisten, was wiederum in einem Teufelskreis eine weitere Verkürzung der tonischen Gegenspieler begünstigt (siehe auch Abb. 52).

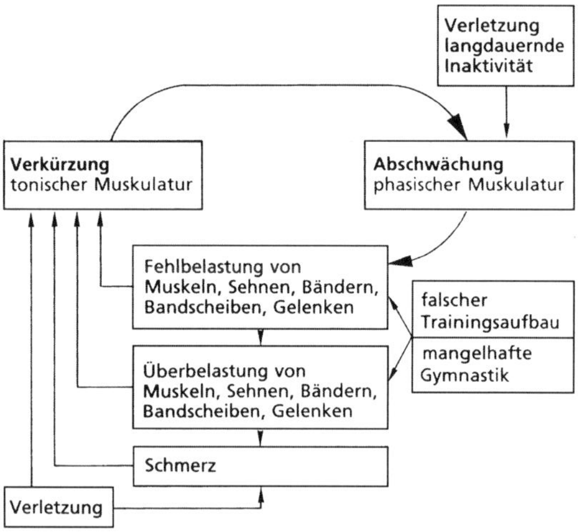

Abb. 52: Muskuläre Dysbalance (nach Spring 1992, S. 115).

Das „Hohlkreuz“ als Beispiel für muskuläre Dysbalance.

Bestes Beispiel für diese Situation ist die Beckenstatik, wie sie bei vielen Sportlern zu beobachten ist. Durch die zur Verkürzung neigende Hüftbeugemuskulatur, die fußwärts zieht, kommt es zu einer Beckenkippung nach vorn. Deren Gegenspieler, die hüftaufrichtende Bauchmuskulatur und die Hüftstreckmuskulatur (Glutaeen) können aufgrund einer Abschwächung der Beckenkippung nichts entgegensetzen, so daß es zu einer Hyperlordosierung im Bereich des unteren Rückens kommt, dem sogenannten „Hohlkreuz“. Als Reaktion auf die Beckenkippung wird die Muskulatur im Bereich der Rückenstrecker ebenfalls verkürzt (siehe auch Abb. 53).

Als funktionsgymnastische Ausgleichsmaßnahmen werden empfohlen:

1. Dehnung, der zur Verkürzung neigenden Muskeln (Hüftbeuger und Rückenstrecker im LWS-Bereich),
2. Kräftigung der zur Abschwächung neigenden Muskeln (Bauchmuskeln, Hüftstrecker (Glutaeen) und Ischiocurale Muskulatur).

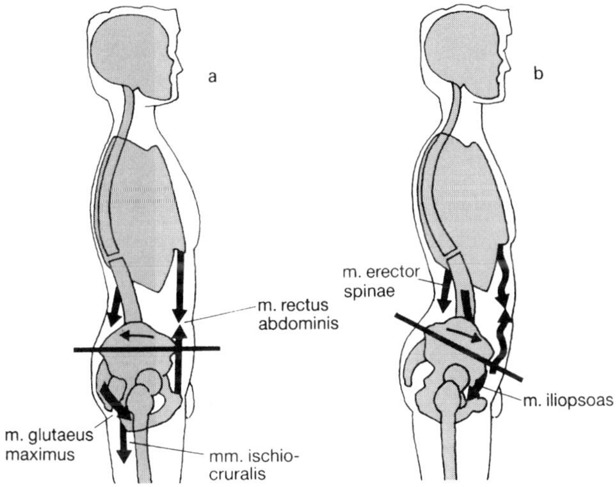

Abb. 53: (a) Aufrichten der Beckenachse durch Bauchmuskel, Glutaeus maximus und ischiocrurale Muskulatur; (b) Beckenkippung nach vorne durch schlaffe Bauchmuskeln und verkürzten Rückenstrecker und Lendendarmbeinmuskulatur (Grosser 1987, S. 151).

Man sieht auch hier, daß das Schema der Dehnung tonischer Muskeln nicht immer aufrecht zu erhalten ist: Die ischiocurale Muskelgruppe neigt bei vielen Sportlern zur Verkürzung und müßte deshalb gedehnt werden. Da sie hier aber zur Hüftaufrichtung beiträgt, ist eher eine Kräftigung empfohlen. Man sieht ebenfalls, daß die Gegenspieler der verkürzten tonischen Muskeln nicht immer phasische Charakteristik haben. Bei der geschilderten Vorgehensweise muß man beachten, daß bei der Bauchmuskelkräftigung die Hüftbeuger ausgeschaltet sind, damit diese das muskuläre Ungleichgewicht nicht erhalten. Deshalb empfiehlt z. B. Knebel (1991) Crunches als Kräftigungsübung für den Bauch, statt der früher vielfach verwendeten Sit-ups oder Klappmesser.

Ursachen für muskuläre Dysbalancen

Als Ursachen für muskuläre Dysbalancen lassen sich verschiedene Punkte nennen: Neben einer Disposition für muskuläre Ungleichgewichte, die durch psychische Beeinträchtigungen (Streß) noch verstärkt werden kann, werden meist einseitige Beanspruchungen im Alltag und in der sportlichen Praxis für Fehlhaltungen verantwortlich gemacht. Durch den oben beschriebenen Teufelskreis können Verletzungen auftreten, die die muskuläre Dysbalance weiter verstärken. Unzureichende Ausgleichsübungen oder falsche Koordination beim Erlernen oder Ausfüh-

Einseitige Beanspruchungen im Alltag und im Sport sind meist Ursachen für muskuläre Dysbalancen.

ren sportlicher Fertigkeiten können ebenfalls Ursachen für Dysbalancen sein oder bestehende muskuläre Ungleichgewichte forcieren.

Die Schwierigkeit beim Beurteilen einer muskulären Dysbalance besteht in ihrem jeweiligen Ausprägungsgrad. Für viele Sportler, vor allem aus dem Leistungsbereich, ist ein muskuläres Ungleichgewicht oftmals geradezu Voraussetzung für überdurchschnittliche Leistungen. Dies ist zu sehen an der Hypermobilität von Sportgymnastinnen, Turnerinnen, Balletttänzern oder auch Speerwerfern. Viele Läufer haben eine mangelnde Stabilisationsfähigkeit des oberen Sprunggelenks („Pronationsknick"), ohne an Beschwerden zu leiden. Auch die unterschiedlichen Kraftverhältnisse zwischen der rechten und linken Extremitätenmuskulatur bei Tennisspielern oder Fußballern zeigt eine sportartspezifische muskuläre Dysbalance, die unvermeidlich ist. Hier sollte nur eingegriffen werden, wenn Beschwerden oder Verletzungen auftreten, die ihre Ursache in der muskulären Dysbalance haben.

Muskuläre Dysbalancen sind bei vielen Sportarten geradezu Voraussetzung für überdurchschnittliche Leistungen. Hier sollte nur bei Beschwerden oder Verletzungen eingegriffen werden.

Grundsätzlich kann davon ausgegangen werden, daß Normwerte für die Kraft und Beweglichkeit eines Muskels eben nur Durchschnittswerte ohne allgemeine Verbindlichkeit sind. Wer außerhalb der Norm liegt (Spezialnorm), sollte nur dann behandelt werden, wenn Probleme auftreten, die die sportliche Leistungsfähigkeit beeinträchtigen oder zu Verletzungen führen können. Bei beschwerdefreien Dysbalancen, die das sportliche Ziel eventuell sogar begünstigen, muß nicht unbedingt die Idealnorm angestrebt werden.

Teil 2:

Praktischer Teil

1 Das Aufwärmen

Vor Beginn jeder sportlichen Tätigkeit sollte der Organismus auf die folgende Belastung eingestellt und vorbereitet werden. Die meisten Sportler führen auch irgendeine Form des Aufwärmens durch, nur häufig in zu kurzer oder auch ungeeigneter Form. Oft wird die allgemeine Erwärmung vernachlässigt, weil sie „zu anstrengend" ist oder ihre Bedeutung unterschätzt wird. Mit dem Aufschwung des Stretchings in den achtziger Jahren erfolgte auch eine Überbewertung dieser Gymnastikform als nahezu ausreichender Übungsvorbereitung. Der vielfach postulierte Erwärmungseffekt des Stretching ist sehr gering und ersetzt Ganzkörperübungen keinesfalls.

Häufig wärmen sich Sportler zu kurz und in ungeeigneter Form auf.
Stretching allein kann Ganzkörperübungen nicht ersetzen!

Andererseits genügt eine allgemeine Erwärmung nicht, um z. B. vor einem Krafttraining hohe Belastungen auf bestimmte Gelenke oder Bindegewebsstrukturen vorzubereiten. Das spezifische Aufwärmen, als Vorbereitung auf die jeweils vorgesehene Trainingsübung, spielt bei Kraft- und Beweglichkeitsübungen eine sehr große Rolle und darf keinesfalls vernachlässigt werden. Welche Organsysteme werden durch das Aufwärmen beansprucht und auf eine höhere Leistungsbereitschaft eingestellt?

Die Erwärmung des Organismus sollte durch dynamische Körperübungen mit Einsatz großer Muskelgruppen (z. B. Laufen, Radfahren) erfolgen. Belastungszeit: mindestens 5 Minuten.

- **Herz-Kreislauf-System**

Das Herz-Kreislauf-System wird am besten durch Übungen angeregt, die mehr als ein Sechstel bis ein Siebtel der Gesamtkörpermasse beanspruchen. Dazu zählen Laufen, Radfahren, Schwimmen, Seilspringen oder Ganzkörpergymnastik mit dynamischen Anteilen. Es kommt dabei zu einer Steigerung der Blutzirkulation, meßbar an der Steigerung der Herzfrequenz, zu einer Öffnung der Gefäße in der arbeitenden Muskulatur, einer Engstellung der Gefäße in nicht beanspruchten Organen (z. B. dem Magen-Darm-Trakt), und zu einer vermehrten Ausschüttung von Hormonen (z. B. Adrenalin, Glukagon), die für die Umstellung des Organismus auf „Leistung" steuernde Funktion haben.

Das allgemeine Aufwärmen verbessert:
- den Ablauf von Stoffwechselprozessen
- die Nervenleitgeschwindigkeit
- die Sensibilität des ZNS
- die Belastbarkeit der Gelenke
- die psychische Einstellung auf Training oder Wettkampf

- **Muskulatur**

Die Muskulatur wird durch eine allgemeine Erwärmung besser durchblutet, so daß eine optimale Versorgung des Muskels mit Sauerstoff und Nährstoffen gewährleistet ist. Durch die Erhöhung der Körperkerntemperatur auf etwa 38,5 °C können alle Stoffwechselprozesse besser ablaufen, da bei dieser Temperatur die Wirksamkeit der Enzyme am höchsten ist. Enzyme sind Bio-Katalysatoren, die die Geschwindigkeit und die Richtung energieliefernder Prozesse steuern. Dadurch sind auch höhere Kontraktionsgeschwindigkeiten möglich. Innerhalb der Muskulatur verringern sich die Reibungswiderstände (Viskosität), und die Dehnfähigkeit elastischer Strukturen (Bänder oder sonstiges Bindegewebe) nimmt zu. Dadurch wird der Muskel weniger verletzungsanfällig.

- **Nervöses System**

Die Nervenleitgeschwindigkeit nimmt zu, so daß sich die Bewegungswahrnehmung des Sportlers und seine Reaktion verbessert. Dadurch laufen auch koordinative Prozesse besser ab, welche das motorische Lernen erleichtern. Die muskulären Rezeptoren (z. B. die Muskelspindel) werden sensibler, wodurch der Muskeltonus optimiert wird.

- **Passiver Bewegungsapparat**

Der passive Bewegungsapparat, d. h. Knochen, Knorpel, Bänder und Sehnen, wird besser auf mechanische Belastungen eingestellt. Der gelenküberziehende Knorpel verdickt sich, wodurch einwirkende Kräfte auf eine größere Fläche verteilt werden. Durch die zunehmende Wasserbindung des Knorpels verbessert sich die Elastizität. Der Wechsel zwischen Belastung und Entlastung trägt zur Ernährung des Knorpels bei.

- **Psyche**

Die allgemeine Erwärmung stimmt den Athleten auf das Training oder den Wettkampf ein. Leistungshemmende Reaktionen, wie eine zu hohe Nervosität („Startfieber") können gedämpft und damit verbundene nervöse Übererregungsprozesse der Muskulatur (Gamma-Spindelaktivität) abgemildert werden.

2 Die spezielle Vorbereitung

Nach der allgemeinen Erwärmung müssen die Organsysteme, die im Mittelpunkt der folgenden Trainingseinheit stehen, auf die Belastungen vorbereitet werden. Dafür muß der Sportler

1. die aktive und passive Gelenksbeweglichkeit erreichen, die für den sportartspezifischen Bewegungsablauf notwendig ist,
2. die Stützmotorik so aktivieren, daß folgende Belastungen den passiven Bewegungsapparat nicht überbelasten,
3. die inter- und intramuskuläre Koordination so anregen, daß zum Abschluß des Aufwärmens sportartspezifische Bewegungsmuster eingesetzt werden können.

Das erste Ziel kann zunächst einmal durch Stretching als wirksamer Dehnmethode erreicht werden. Stretching hat den Vorteil, daß es leicht durchführbar ist, daß sich der Athlet gut auf bestimmte Muskeln konzentrieren kann und daß dabei ein hoher Reizumfang gewährleistet ist. In dieser Phase muß nicht die maximale, sondern die optimale, d. h. die für den folgenden Bewegungsablauf notwendige Beweglichkeit erreicht werden. Eine zu große Beweglichkeit (Hypermobilität) erhöht nur das Verletzungsrisiko.

Notwendig ist die optimale, nicht die maximale Beweglichkeit.

In der zweiten Phase der speziellen Vorbereitung steht die Erhöhung des Tonus (= der Spannung) der Stützmuskulatur durch allgemeine Rumpfstabilisationsübungen im Mittelpunkt. Bei der Auswahl der Übungen sollte man darauf achten, daß möglichst viele Muskeln gleichzeitig aktiviert werden, damit das Zusammenspiel der Muskeln, d. h. die Aktivierung ganzer Muskelketten mitgeschult wird. Beispiele dafür finden sich im Praxisteil. Die einzelnen Übungen sollten immer nur von kurzer Dauer sein (6 bis 10 Sekunden), um eine vorzeitige Ermüdung zu vermeiden.

Ganzkörperstabilisationsübungen sollen in keinem Aufwärmprogramm fehlen!

In der dritten Phase werden die neuronalen Steuermechanismen angeregt, z. B. die reziproke Hemmung. Der antagonistische Muskel muß das „Loslassen" lernen, wenn sein Gegenspieler aktiv ist. Dies läßt sich am besten durch aktiv-dynamische Gymnastikübungen erreichen, die die Koordination auch in den Endstellungen der Gelenke schulen. Durch die aktive Ausführung wird außerdem das Zusammenspiel von Agonist/Antagonist verbessert und die Spannung in den zielmotorisch arbeitenden Muskeln erhöht. In der Vorbereitungsphase dürfen auf keinen Fall passive Dehnübungen (Stretching) zum Einsatz kommen, da sie die positiven Effekte der Stabilitäts- und Koordinationsübungen wieder zunichte machen können.

In der direkten Vorbereitungsphase keine passiven Dehnübungen (Stretching) einsetzen!

An diese Phase schließen sich dann sportartspezifische Bewegungen an: Einspielen beim Tennis, Übungen mit dem Ball in allen Ballsportarten, Steigerungsläufe bei Leichtathleten, Übungen mit leichten Gewichten vor Krafttraining usw.

In Tabelle 17 ist das Schema eines funktionellen Aufwärmens noch einmal dargestellt:

Tab. 17: Durchführung und Wirkungsweise des allgemeinen und speziellen Aufwärmens.

Phase	***Durchführung***	***Wirkung***
Allgemeines Erwärmen	*Laufen, Radfahren, Schwimmen, Seilspringen etc.*	*Vorbereitung des Herzkreislaufsystems, der Muskulatur, der neuronalen Steuerungsprozesse, der Sehnen, Bänder u. Kapseln sowie der Psyche*
Spezielles Erwärmen a) Dehnen und	*passiv-statische oder AED/CHRS-Methode (= Stretching)*	*Erreichen der notwendigen aktiven passiven Gelenksbeweglichkeit*
b) Stabilisieren	*Ganzkörperstabilisation (z. B. Unterarmliegestütz)*	*Erhöung des Muskeltonus der Stützmuskulatur*
c) Koordinieren	*Dynamische Gymnastikübungen bis in die Endstellung der Gelenke*	*Schulung der inter- und intramuskulären Koordination als Vorbereitung der Sportartspezifik*
Direkte Vorbereitung	*Sportartspezifische Bewegungen (Steigerungsläufe, Kraftübungen mit leichten Gewichten, Ballübungen o. ä.)*	*Gewöhnung an sportartspezifische Belastungen und Bewegungsmuster*

3 Dauer und Intensität des Aufwärmens

Für die Dauer des Aufwärmens und die Gewichtung der verschiedenen Aufwärmphasen können nur ungefähre Hinweise gegeben werden, da hier sehr viele externe und interne Faktoren eine Rolle spielen. Wer im Training oder Wettkampf Extremes leistet, muß sich intensiver aufwärmen als der Hobbysportler, der z. B. nur ein Rumpfkrafttraining absolvieren will. Auch die einzelnen Phasen des Aufwärmens müssen entsprechend der folgenden Belastung, unterschiedlich gewichtet werden. So müssen Turner oder Speerwerfer, die sich in extremen Gelenkstellungen belasten, dem Dehnen eine erheblich größere Rolle zumessen als der Freizeitschwimmer.

Trotzdem kann man auf einige typische Fehler hinweisen, wie sie bei vielen Athleten, egal ob im Freizeit- oder im Leistungsbereich, immer wieder vorkommen. Beim allgemeinen Aufwärmen belasten sich viele Sportler zu intensiv und/oder zu kurz. Die Ganzkörperübungen sollten wenigstens 5 bis 10 Minuten dauern und können eventuell von Pausen unterbrochen sein. Die Intensität, z. B. beim Laufen, sollte anhand der Pulsfrequenz kontrolliert werden. Der Maximalwert, der keinesfalls überschritten werden sollte, kann nach der Faustformel 180 minus Lebensalter berechnet werden. Der 40jährige sollte beim allgemeinen Aufwärmen also höchstens 140 Pulsschläge pro Minute erreichen. Bei deutlich höheren Werten besteht die Gefahr, daß man sich im anaeroben Bereich bewegt und die angestrebten positiven Wirkungen, z. B. in der Muskulatur, nicht erreicht. Dann ist sehr schnell der sogenannte „tote Punkt" erreicht, und der Athlet bricht die Erwärmung zu früh ab.

Beim allgemeinen Aufwärmen weder zu intensiv noch zu kurz belasten.

Intensität: 180 minus Lebensalter

Das beim speziellen Erwärmen eingesetzte Stretching kann entgegen häufig zu lesender Meinung die fehlende allgemeine Erwärmung nicht ersetzen. Beim Dehnen sollten die Hauptmuskelgruppen 2 bis 3 mal jeweils 10 bis 20 Sekunden lang gedehnt werden, wobei ein Wechsel zwischen Agonist und Antagonist sinnvoll ist. Bestehen mus-

Stretching kann fehlende allgemeine Erwärmung nicht ersetzen.

Dynamische Dehnübungen sind zur unmittelbaren Trainingsvorbereitung besser geeignet als Stretching.

kuläre Verkürzungen sollten diese mit jeweils 3 bis 5 Wiederholungen verstärkt behandelt werden. Die Ganzkörperstabilisation sollte vor allem vor folgenden Kraftbelastungen durchgeführt werden, wobei die Anspannungszeit 6 bis 10 Sekunden nicht überschreiten darf. Insgesamt 4 bis 6 Übungswiederholungen sind dabei ausreichend. Die dynamischen Dehn- und Gymnastikübungen beschränken sich auch auf die Hauptmuskelgruppen, die im Training stark belastet werden. Je Muskelgruppe 15 bis 20 Wiederholungen in 2 Serien reichen zur Vorbereitung aus, da ja schon passiv gedehnt wurde.
Die sportartspezifische Vorbereitung auf das Training und den Wettkampf kann sehr unterschiedlich aussehen und soll hier nicht näher besprochen werden, da dafür ausreichend Literatur aus den jeweiligen Sportarten vorliegt.

4 Das Abwärmen (Cool-down)

Eine wichtige Phase in jedem Trainingsprozeß ist die Nachbereitung des Trainings, das sogenannte Abwärmen oder „Cool-down". Wird dieses Trainingselement vernachlässigt, gelingt der Übergang in die Erholungsphase schlechter und die Regenerationsmechanismen dauern länger. Das ist besonders für Sportler wichtig, die mehrmals in der Woche oder sogar täglich trainieren. Je nach Vorbelastung und individuellem Typus müssen die Ziele des Abwärmens mehr oder weniger gewichtet werden.

Erstes Ziel des Abwärmens ist der beschleunigte Abbau von Stoffwechselendprodukten wie Laktat. Man erreicht dies durch dosierte Ganzkörperübungen wie Auslaufen, Ausschwimmen oder Radfahren: Der Blutkreislauf wird nochmals angeregt und schwemmt Laktat aus den Muskeln aus (vgl. Abb. 33). Das Blut transportiert die Milchsäure dann ins Herz oder in andere unbelastete Organe, wo sie abgebaut und verwertet wird. Die Intensität der Übungen muß dabei deutlich unter der des Aufwärmens liegen, da sonst die Gefahr einer erneuten Inanspruchnahme des anaeroben Stoffwechselweges besteht. Würde z. B. ein Athlet mit der gleichen Geschwindigkeit auslaufen wie einlaufen, läge der Puls wegen der Vorbelastung deutlich höher. Dabei würde eine zusätzliche Laktatproduktion statt des erwünschten Laktatabbaus stattfinden. Durch das aktive Abwärmen werden Regenerationszeiten deutlich verkürzt.

Ziele des Abwärmens:
- Schnellerer Abbau von Stoffwechselendprodukten wie Laktat.
- Umstellung des vegetativen Nervensystems.
- Reflexion des geleisteten Trainings.

Zweites Ziel des Abwärmens ist die Umstellung des vegetativen Nervensystems in die sogenannte vagotone Reaktionslage. Dabei stellt sich der Körper unter dem Einfluß des parasympathischen Nervensystems auf Erholung um und leitet Regenerationsprozesse ein. Begünstigt wird diese Umstellung durch eine gute Ausdauerleistungsfähigkeit. Auch das Einnehmen funktioneller Entspannungshaltungen, z. B. auf dem Rücken liegend die Beine hochlegen o. ä., kann diesen Prozeß günstig beeinflussen. Nach der direkten Erholung sollte der Sportler auf „Problemzonen“ seines Körpers eingehen und versuchen, eventuelle Muskelverkürzungen zu beseitigen. Die am stärksten beanspruchte Muskulatur wird 2 bis 3mal gedehnt, wobei sich hier die Stretchingmethode bewährt hat, da sie auch psychisch entspannend wirkt. In dieser Phase kann auch analysiert werden, ob schon länger vorhandene Verletzungen oder sonstige Beschwerden wieder aufgetaucht sind. In diesem Fall wären physikalische Maßnahmen (Eis, Massage usw.) oder Konsultation von Physiotherapeut oder Arzt angebracht.

Die letzte Phase des Cool-down besteht in einer Reflexion des geleisteten Trainings, in der Abwägung der positiven und negativen Aspekte (Fortschritte, Schwächen) der vergangenen Trainingseinheit. Diese mentale Nacharbeitung kann sowohl Verbesserungen in der Trainingsgestaltung bringen als auch vorhandene Fortschritte unterstützen. Es ist z. B. aus der Bewegungslehre bekannt, daß das rein mentale Wiederholen eines Bewegungsablaufs (ideomotorisches Training) seine motorische Realisierung begünstigt.

5 Praktische Anwendung der Übungen

Die folgenden Übungen sind in zwei große Bereiche eingeteilt, die Kräftigungs- bzw. Stabilisationsübungen und die Dehnübungen. Die Auswahl der Übungen erfolgt nach dem angestrebten Trainingsziel. Eine Reihenfolge der Übungen für das Aufwärmen ist in Tabelle 17 (s. S. 106) wiedergegeben. Die Auswahl der Übungen für den Hauptteil einer Übungsstunde richtet sich nach den individuellen Schwächen der Teilnehmer. Bei den Kräftigungsübungen sollte der Schwerpunkt für Anfänger auf den rumpfstabilisierenden Übungen liegen. Eine Kräftigung der Extremitäten erfolgt erst, wenn der Rumpf über eine ausreichende Stabilisierungsfähigkeit verfügt.

Kräftigung der Extremitäten erst dann, wenn eine ausreichende Rumpfstabilität vorhanden ist.

Die angegebenen Belastungskomponenten sind ungefähre Hinweise, absolute Anfänger beginnen mit geringeren Wiederholungszahlen und steigern sich allmählich auf den vorgeschlagenen Umfang. Gut Trainierte können alle Übungen durch die erwähnten Erschwerungen oder durch Zusatzgewichte verändern. Wichtig ist die Einnahme einer korrekten Ausgangsstellung, wie sie bei den einzelnen Fotos erläutert ist.

Die Dehnübungen sind in erster Linie für die beschriebenen Muskelgruppen einzusetzen, wobei vor allem das Dehnungstraining am Ende einer Übungsstunde nicht vergessen werden sollte.

Insgesamt sollte der Schwerpunkt auf den Stabilisations- und Kräftigungsübungen liegen, da die Bedeutung der Dehnungen häufig überschätzt wird. Nach unserer Auffassung sollte jeder Muskel zuerst über ausreichende Kraft verfügen, bevor Dehnmaßnahmen mit Erfolg einzusetzen sind. Vor allem die antagonistische Muskulatur eines verkürzten Muskels muß gekräftigt werden, damit Dehnmaßnahmen sinnvoll sind; sonst bleiben muskuläre Dysbalancen bestehen.

Der Schwerpunkt sollte auf den Stabilisations- und Kräftigungsübungen liegen.

Übungen der Funktionellen Gymnastik können ohne großen Geräteaufwand, z. B. auch zu Hause, durchgeführt

Dehn- und Stabilisationsübungen sollten fester Bestandteil jeder Übungsstunde sein.

werden. Im normalen Sportbetrieb sollten Dehn- und Stabilisationsübungen Bestandteil jeder Übungsstunde sein. Wenigstens 10 bis 20 Minuten der Übungszeit sollten für diese Basisübungen „geopfert" werden – der Ertrag lohnt diesen Aufwand in jedem Fall. Aus unseren praktischen Erfahrungen mit Schülern, Sportlern aus allen Leistungsbereichen sowie Patienten kann die regelmäßige, d.h 2 bis 3 mal wöchentliche Ausführung funktionsgymnastischer Inhalte nur empfohlen werden.

Zusammenfassung:

1. Jedes Übungsprogramm sollte individuell zusammengestellt werden. Dazu sollten zuerst muskuläre Schwächen und Verkürzungen erfaßt werden.
2. Funktionsgymnastik gehört in jede Übungsstunde, zumindest beim Auf- und Abwärmen.
3. Deutliche Übungseffekte zeigen sich nur, wenn mindestens 3mal pro Woche 15 bis 20 Minuten trainiert wird.
4. Funktionsgymnastische Übungen aus dem Bereich der Stabilisation können ohne großen Geräteaufwand auch zu Hause durchgeführt werden.

6 Übungen zur Kräftigung und Stabilisation

1. Rumpfmuskulatur (allgemein)

Durchführung: Aus dem Unterarmstütz wird die Hüfte angehoben, bis der ganze Körper gespannt ist „wie ein Brett". Die Wirbelsäule bleibt in Ihrer physiologischen Haltung.
Belastungskomponenten: Die Übung sollte 3 mal 10 Sekunden gehalten oder bei einer Ausweichbewegung abgebrochen werden.
Wirkung: Kräftigung der gesamten Rumpfmuskulatur.

Merke: Es darf keine Beugung in Schulter oder Becken entstehen.

Varianten:

1a. Durchführung: Gleiche Ausgangsstellung, im 1-Sekunden-Takt wird abwechselnd das rechte und das linke Bein um eine Schuhlänge abgehoben.
Belastungskomponenten: 3 mal 10 Wiederholungen je Bein.
Wirkung: siehe oben

Merke: siehe oben

1b. Durchführung: Liegestütz auf den Händen, Partner hält beide Beine am Sprunggelenk. Abwechselnd wird das linke und das rechte Bein losgelassen, der Übende versucht das „freie" Bein oben zu halten.
Belastungskomponenten: 2 mal 6 Wiederholungen je Bein.
Wirkung: Kräftigung der Hüftstrecker und des unteren Teils der Rückenstreckmuskulatur.

Merke: Abbruch bei Ausweichbewegung in der LWS.

2. Bauchmuskulatur (Crunches)

Durchführung: Aus der Rückenlage mit angewinkelten Beinen und vor der Brust gekreuzten Armen werden die Schultern leicht vom Boden abgehoben.
Belastungskomponenten: 3 mal 10 Wiederholungen
Wirkung: Kräftigung der geraden Bauchmuskulatur.

Merke: Die Beine werden rechtwinklig in der Luft gehalten oder die Fersen drücken in den Boden, um die Hüftbeuger auszuschalten; die LWS bleibt am Boden.

Varianten:
2a. Durchführung: Gleiche Ausgangslage, Hände werden an den Knien vorbeigeschoben, ohne daß der Nacken gebeugt wird.
Belastungskomponenten siehe oben
Wirkung: siehe oben, aber deutliche Erschwerung.

Merke: die Hände können auch an den Kopf gehalten werden, dürfen aber auf keinen Fall den Kopf nach vorne reißen.

2b. Durchführung: Ausgangslage wie Übung 2, Hände halten sich an einem Partner oder einer Sprossenwand fest.Die Hüfte wird vom Boden abgehoben, ohne die Knie in Richtung Kopf zu bewegen.
Belastungskomponenten: 3 mal 8 Sekunden Haltezeit oder Hüfte langsam vom Boden abheben und wieder senken (3 mal 10 Wiederholungen).
Wirkung: Kräftigung der geraden Bauchmuskulatur, der Rückenmuskulatur, der Brustmuskulatur und des Triceps.

Merke: Die Hüfte sollte nur langsam und etwa 5 cm vom Boden abgehoben werden.

2c. Durchführung: Gleiche Durchführung wie 2b. Zusätzlich wird abwechselnd das linke und das rechte Bein gestreckt, ohne daß die Hüfte zum Boden absinkt.
Belastungskomponenten: Pro Bein 8 Streckbewegungen ergibt einen Satz. 2-3 Sätze empfehlenswert.
Wirkung: siehe oben

Merke: Ermüdung kann auch zuerst in der Arm-und Schultermuskulatur einsetzen.

3. Rückenmuskulatur

Durchführung: Aus dem Kniestand wird der Rücken Wirbel für Wirbel aufgerichtet bei gleichzeitigem Nach-oben-Führen der Ellbogen. Der Kopf bleibt in Verlängerung des Rükkens, die Ellbogen in Schulterhöhe.
Belastungskomponenten: 3 mal 12 Sekunden Haltezeit. Bei dynamischer Ausführung 3 mal 15 langsame Wiederholungen.
Wirkung: Kräftigung der Rückenstreckmuskulatur.

Merke: Oberkörper nur bis zur Waagrechten aufrichten.

Varianten:
3a. Durchführung: Gleiche Bewegungsausführung wie oben. In der Endstellung rotiert der Oberkörper seitlich.
Belastungskomponenten: siehe oben
Wirkung: Kräftigung der Rückenstrecker mit Rotationskomponente.

Merke: Kein Rundrücken, Ellbogen bleiben in Schulterhöhe.

3b. Durchführung: Gleiche Bewegungsausführung wie Grundübung. Arme werden gestreckt gehalten oder halten einen Ball und rotieren.
Belastungskomponenten: siehe oben
Wirkung: siehe oben

Merke: Kopf bleibt zwischen den Armen, Rücken gestreckt.

4. Seitliche Rumpfmuskulatur

Durchführung: Aus dem seitlichen Ellbogenstütz wird die Hüfte so angehoben, daß der gesamte Rumpf gestreckt ist.
Belastungskomponenten: 3 mal 10 Sekunden Haltezeit oder 3 mal 10 Wiederholungen je Seite in langsam dynamischer Ausführung.
Wirkung: Kräftigung der seitlichen Rumpfmuskulatur. Stabilisation des gesamten Körpers.

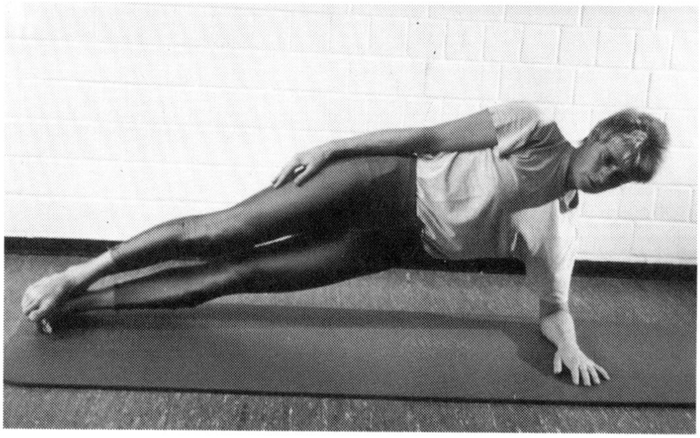

Merke: Die Hüfte darf nicht nach hinten ausweichen, die Schulter soll stabil gehalten werden.

Varianten:
4a. Durchführung: Bewegungsausführung wie Grundübung. Zusätzlich wird das obere Beine ca. 20 cm abgehoben.
Belastungskomponenten: siehe oben
Wirkung: Zusätzliche Kräftigung der Abduktoren.

Merke: Das abgehobene Bein bleibt in Verlängerung des Rumpfes.

4b. Durchführung: Bewegungsausführung wie Grundübung.Das Abstützen erfolgt aber nur auf einer Hand.
Belastungskomponenten: siehe oben
Wirkung: Durch geringere Unterstützungsfläche wird eine erhöhte Stabilisationsfähigkeit der Schultermuskulatur erforderlich.

Merke: Bei Instabilität („Wackeln“) einfachere Übung verwenden.

5. Allgemeine Rumpfmuskulatur

Durchführung: Aus der Bankstellung werden diagonal ein Arm und ein Bein zur Streckung gebracht (z. B. Bein rechts und Arm links).
Belastungskomponenten: 3 mal 12 Sekunden Haltezeit.
Wirkung: Kräftigung der Rückseite des Rumpfes (Rückenstrecker, Hüftstrecker, Oberschenkelrückseite).

Merke: Keine Überstreckung, Kopf bleibt in Verlängerung des Rückens, Arm in Schulterhöhe halten. Das Becken darf nicht seitlich abkippen.

Varianten:
5a. Durchführung: Aus der Streckstellung nähern sich linker Ellbogen und rechtes Knie an, danach erfolgt wieder die Streckung.
Belastungskomponenten: Je Diagonale 10 Wiederholungen, 2-3 Serien.
Wirkung: siehe oben, zusätzlich Mobilisation der Wirbelsäule.

Merke: Ausführung langsam-dynamisch,keine Überstrekkung.

5b. Durchführung: In der Streckung gibt ein Partner am Bein oder am Arm dosierten Widerstand von oben oder von der Seite.
Belastungskomponenten: siehe oben
Wirkung: Stabilisationsfähigkeit des gesamten Körpers.

Merke: Widerstand nur kurz antippen oder allmählich verstärken.

6. Schräge Bauchmuskulatur

Durchführung: Aus der Rückenlage mit angewinkelten Beinen zieht die rechte Schulter in Richtung linkes Knie, die linke Schulter zum rechten Knie, die LWS bleibt am Boden.

Belastungskomponenten: Je Seite 6–8 Wiederholungen, 3 Serien.

Wirkung: Kräftigung der schrägen Bauchmuskulatur.

Merke: Nicht ruckartig aufrichten, Schulter und Knie berühren sich nicht, da sonst Hüftbeugereinsatz.

Varianten:

6a. Durchführung: Gleiche Bewegungsausführung wie oben gegen Partnerwiderstand oder Druck auf das gegenüberliegende Knie.

Belastungskomponenten: siehe oben

Wirkung: Kräftigung der schrägen Bauchmuskulatur.

Merke: Schulter muß diagonal zum Knie ziehen, es genügt nicht, daß der Arm die Bewegung ausführt, da sonst nur die geraden Bauchmuskeln gekräftigt werden.

6b. Durchführung: Beine werden angewinkelt und fixiert. Schultern lösen sich vom Boden.

Belastungskomponenten: 3 mal 10 Wiederholungen je Seite.

Wirkung: Kräftigung der schrägen Bauchmuskulatur.

Merke: Schultern können nur leicht vom Boden abgehoben werden, trotzdem erfolgt eine effektive Kräftigung.

Schräge Bauchmuskulatur

6c. Durchführung: Bewegungsausführung wie bei 2b. Zusätzlich erfolgt eine Seitneigung der Knie.
Belastungskomponenten: Je Seite 6-8 Wiederholungen in 3 Serien.
Wirkung: Kräftigung der schrägen Bauchmuskulatur, der Brustmuskulatur und des Triceps brachii.

Merke: Hüfte muß vom Boden wegbleiben, eine leichte Streckbewegung der Beine verstärkt die Übung.

7. Kniestrecker/Hüftstrecker

Durchführung: Ausfallschrittgehen nach vorne mit geradem Oberkörper; die Arme in der Hochhalte.
Belastungskomponenten: 10-12 Schritte, evtl. 2 bis 3mal nachfedern.
Wirkung: Kräftigung der Kniestrecker (Quadriceps), der Hüftstrecker (Glutaeen) und ischiocuralen Muskulatur.

Merke: Beim Abfangen des Körpergewichts darf die Beinachse nicht zur Seite ausweichen, der Oberkörper wird durch Anspannen der Bauchmuskulatur stabilisiert.Das Nachfedern im Ausfallschritt verstärkt die Wirkung, da hier verstärkt exzentrische Muskelarbeit geleistet wird.

Varianten:
7a. Durchführung: Aufsteigen auf einen Kleinkasten bis zur vollständigen Körperstreckung, evtl. mit Zusatzlast.
Belastungskomponenten: 10-15 Wiederholungen in 3-5 Sätzen.
Wirkung: Kräftigung der gesamten Beinstreckschlinge.

Merke: Oberkörper wird stabilisiert durch Anspannung der Bauchmuskulatur.

7b. Durchführung: Kniebeuge beidbeinig an der Wand. Die hoch-tief-Bewegung erfogt nur über einen kurzen Weg, so daß eine Dauerspannung im Oberschenkel bleibt. Durch Abheben der Fersen werden die Waden zusätzlich gekräftigt.
Belastungskomponenten: 10-12 Wiederholungen in 3-5 Serien.
Wirkung: Kräftigung der Oberschenkelvorderseite.

Merke: Einbeinige Durchführung erhöht die Wirkung.

7c. Durchführung: Einbeinige halbe Kniebeuge (90°-Beugung).
Belastungskomponenten: 8-12 Wiederholungen, 2-4 Serien pro Bein.
Wirkung: Schulung der Beinachsenstabilität.

Merke: Die Streckung im Knie erfolgt nicht vollständig, um die Dauerspannung im Oberschenkel zu erhalten.

8. Oberschenkelrückseite

Durchführung: Aus der Rückenlage mit angewinkelten Beinen wird das Becken angehoben und die Fersen vom Boden gelöst.
Belastungskomponenten: 3 mal 10 Sekunden Haltezeit.
Wirkung: Kräftigung der Hüftstrecker (Glutaeen),der Oberschenkelrückseite (ischiocrurale Muskulatur) und der Waden (M. soleus).

Merke: Zur Vereinfachung erfolgt das Abstützen von der ganzen Fußsohle.

Varianten:

8a. Durchführung: Gleiche Bewegungsausführung wie oben. In der Endstellung wird abwechselnd das linke und das rechte Bein gestreckt, wobei die beiden Oberschenkel parallel bleiben.
Belastungskomponenten: Je Bein 6 Wiederholungen, wobei jedes Bein 3 Sekunden gehalten wird.

Merke: Nur gut trainierte Athleten können bei dieser Übungsausführung die Fersen vom Boden lösen.

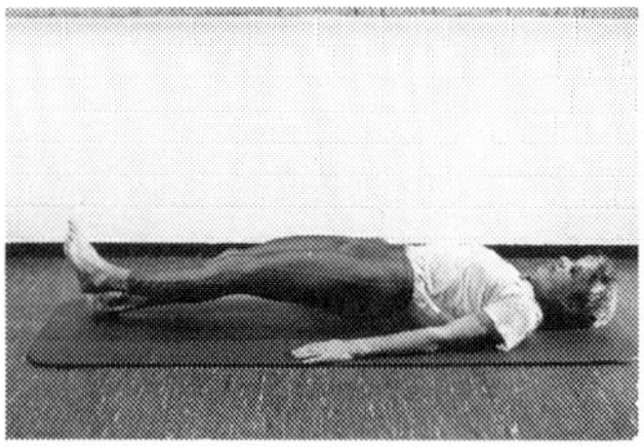

8b. Durchführung: Körper liegt gestreckt in Rückenlage. Durch Druck der Ferse auf den Boden hebt die Hüfte ab.
Belastungskomponenten: Haltezeit 5-8 Sekunden, je Bein 3 Serien.
Wirkung: siehe oben, zusätzlich werden die tiefen Rückenstrecker gekräftigt.

Merke: Hüfte wird nur wenige Zentimeter abgehoben. Erschwerung der Übung durch einbeinige Ausführung.

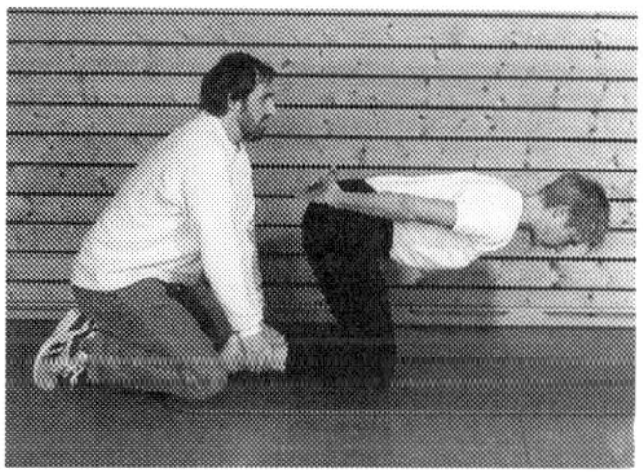

8c. Durchführung: Aus dem Kniestand erfolgt ein Absenken des Oberkörpers bis er waagrecht ist, sowie ein leichtes Vorschieben der Hüfte.Füße werden dabei durch einen Partner fixiert.
Belastungskomponenten: Haltezeit 5-10 Sekunden, 4 Serien.
Merke: Durch Vorschieben der Arme wird die Belastung erhöht.

9. Abduktoren

Durchführung: Aus der Seitenlage wird bei gestreckter Hüfte das obere Bein langsam auf und ab bewegt.
Belastungskomponenten: Je Bein 10–15 Wiederholungen in 3 Serien.
Wirkung: Kräftigung der seitlichen Hüftstabilisatoren.

Merke: Das abgehobene Bein darf nicht nach vorne ausweichen (kein Hüftknick).

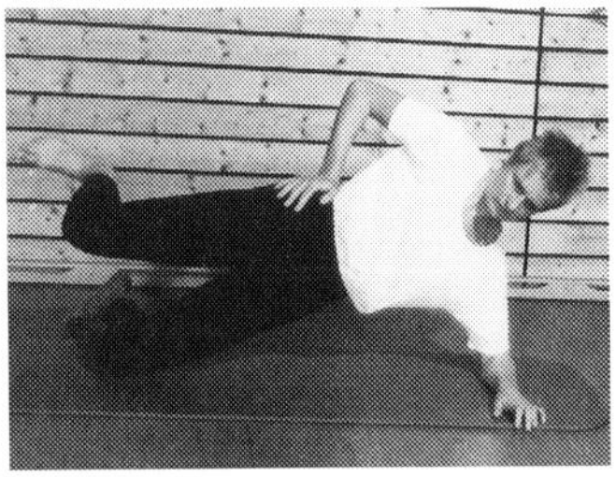

Varianten:
9a. Durchführung: Aus dem Seitliegestütz mit angewinkeltem Bein wird das obere Bein abgehoben.
Belastungskomponenten: Je Bein 8–12 Wiederholungen.
Wirkung: Kräftigung der Abduktoren.

Merke: Fußspitze anziehen.

9b. Durchführung: Aus der Seitlage werden beide Beine gleichzeitig abgehoben.
Belastungskomponenten: Haltezeit 6–10 Sekunden, 3 Serien.
Wirkung: Kräftigung der Abduktoren.

Merke: Kein Abrollen auf den Rücken.

10. Adduktoren

Durchführung: In der stabilen Seitenlage wird das unten liegende Bein gegen die Schwerkraft nach oben bewegt.
Belastungskomponenten: 3 mal 10–12 Wiederholungen je Bein.
Wirkung: Kräftigung der Adduktoren (Oberschenkelinnenseite).

Merke: Fußspitze anziehen, Bein bewegt sich nur nach oben, nicht nach vorne.

Varianten:
10a. Durchführung: Ein Fuß wird auf eine Erhöhung gelegt, die Hüfte so weit abgehoben bis der gesamte Körper eine Gerade bildet.
Belastungskomponenten: Die Hüfte wird 8–10mal langsam angehoben und gesenkt. Je Bein 3 Serien.
Wirkung: Kräftigung der Adduktoren.

Merke: Die Hüfte beim Absenken nicht auf dem Boden ablegen.

10b. Durchführung: Im Sitz, bei aufgestellten Beinen, wird gegen den Arm Druck ausgeübt.
Belastungskomponenten: 8–10 SekundenDauerspannung, 3 Serien.

Merke: Kein maximaler Druck, ruhig weiteratmen.

11. Fußstabilisation

Durchführung: Aus dem Einbeinstand wird das freie Bein nach vorne und hinten bewegt. Das Standbein hat eine deutlich spürbare 3-Punkte-Auflage während der gesamten Bewegungsausführung. Die Beinsäule steht sicher auf den Auflagepunkten Großzeh-, Kleinzehballen und Ferse. Die Zehen nicht einkrallen.
Belastungskomponenten: 8–10 langsam kontrollierte Bewegungen des Schwungbeins, 2–4 Serien.
Wirkung: Schulung der Kraft und der Koordination der fußgelenkstabilisierenden Muskulatur.

Merke: Für Anfänger Ausgleichsbewegungen durch den Gegenarm, Fortgeschrittene fixieren die Arme am Körper.

Varianten:
11a. Durchführung: Ausgangslage wie oben.Bewegungen des Schwungbeins erfolgen seitlich und/oder das Standbein steht auf einer erhöhten Unterlage.
Belastungskomponenten: siehe oben
Wirkung: siehe oben

Merke: Abstützen an der Wand erleichtert die Übung.

11b. Durchführung: Auf möglichst weichem Untergrund (Sand,Weichboden) werden seitliche Sprünge durchgeführt.
Belastungskomponenten: 10–20 Sprünge pro Satz, 2–5 Serien.
Wirkung: Seitliche Stabilisationsmuskulatur wird in Koordination und Kraft geschult.

Merke: Sprünge allmählich in der Weite vergrößern.

11c. Durchführung: In der Vorwärtsbewegung über den ganzen Fuß abrollen und in den Hochzehenstand drücken, dort wenigstens 3 Sekunden halten.
Belastungskomponenten: 10–12 Gehschritte, 3–4mal wiederholen.
Wirkung: Gleichgewicht und Stabilisationsfähigkeit bei nicht fixiertem Sprunggelenk.

Merke: Von hinten gesehen sollte die Ferse ruhig gehalten werden können. Die Achillessehne darf nicht einknicken.

12. Schienbeinmuskulatur

Durchführung: Auf einem Stuhl oder Kleinkasten sitzend wird abwechselnd die linke und die rechte Fußspitze angehoben (Fußtapping).
Belastungskomponenten: 15-30 Wiederholungenje Bein, 3-5 Serien.
Wirkung: Kräftigung der Scheinbeinmuskulatur (M. tibialis anterior).

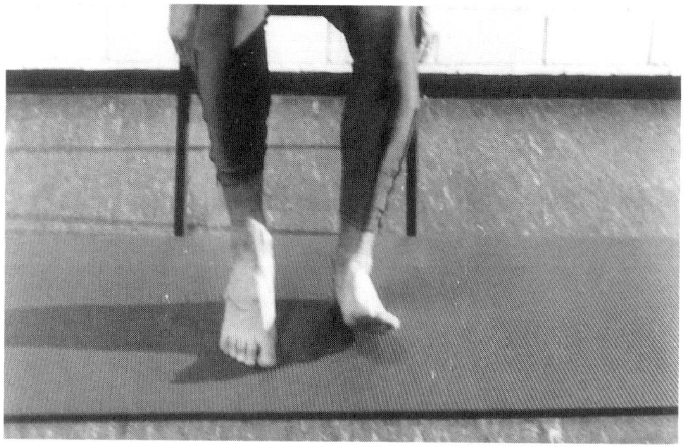

Merke: Übung wird in zügigem Rhythmus durchgeführt, Innenrand des Fußes wird dabei angehoben.

Varianten:
12a. Durchführung:wie oben.in der leichten Hocke an der Wand lehnend.
Belastungskomponenten: siehe oben
Wirkung: Zusätzliche Kräftigung der Oberschenkelmuskulatur.

Merke: Je nach Leistungsfähigkeit tiefer in die Hocke gehen.

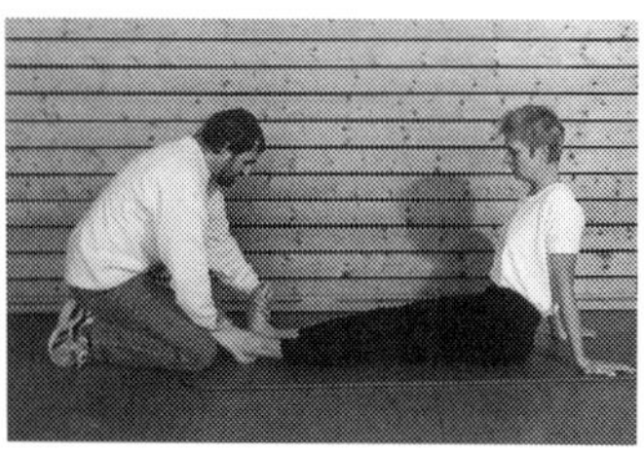

12b. Durchführung: Aus dem gestreckten Sprunggelenk wird die Fußspitze angezogen. Ein Partner gibt dosierten Widerstand.
Belastungskomponenten: 10-15 Wiederholungen je Bein, 3-5 Serien.
Wirkung: siehe oben

Merke: Widerstand gleichmäßig geben und so dosieren, daß die vorgegebene Wiederholungszahl noch geschafft wird.

13. Schulterstabilisation

Durchführung: Auf zwei Erhöhungen abstützend werden beide Schultern wechselweise angehoben und abgesenkt. Die Schultern dürfen dabei nicht nach vorne fallen.
Belastungskomponenten: 3 mal 10 Wiederholungen
Wirkung: Kräftigung der Schulterheber.

Merke: Bewegung erfolgt nur aus dem Schultergürtel. Arme bleiben gestreckt.

Variante:
13a. Durchführung: Ellbogen werden in Schulterhöhe gehalten, Füße sind zwei Fuß von der Wand weg (siehe Foto). Durch Druck der Ellbogen gegen die Wand lösen sich die Schultern von der Wand. Beim Nachgeben berühren die Schultern nicht die Wand. Langsam-dynamische Bewegungsausführung.
Belastungskomponenten: 3 mal 12-15 Wiederholungen
Wirkung: Kräftigung der schulterblattstabilisierenden Muskulatur.

Merke: Ellbogen in Schulterhöhe halten. Bei größerem Abstand der Füße von der Wand wird die Übung schwerer.

14. Nackenmuskulatur

Durchführung: Aus der Rückenlage wird der Kopf gegen die Schwerkraft angehoben und wieder abgesenkt. In der Endposition 3 Sekunden halten (siehe Foto).
Belastungskomponenten: 3 mal 15Wiederholungen
Wirkung: Kräftigung der hintern Nackenmuskulatur.

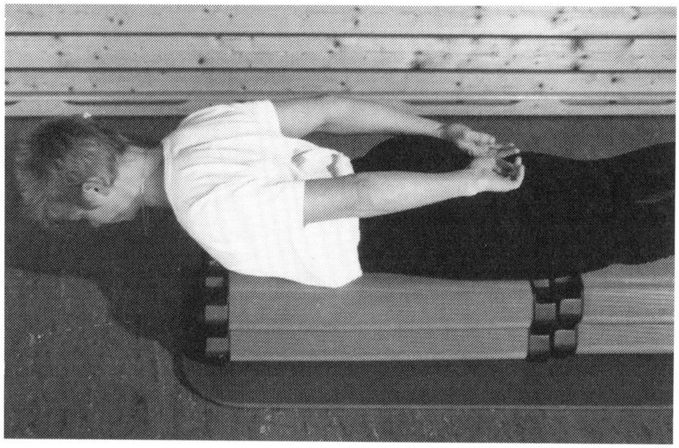

Merke: Kopf nur bis zur Waagrechten anheben.

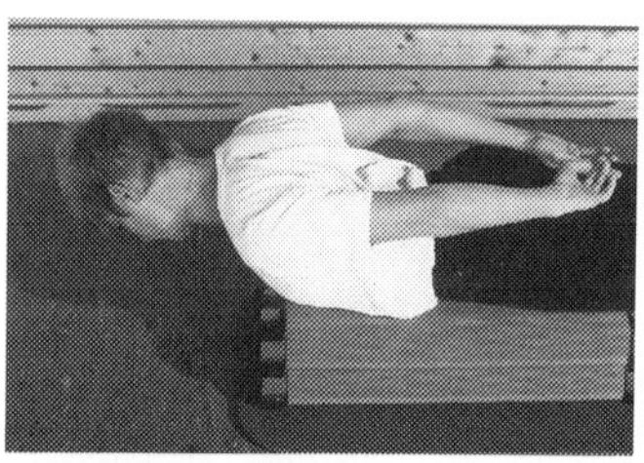

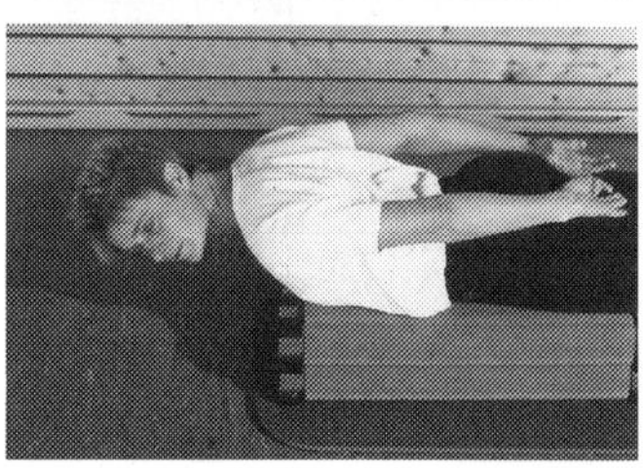

Varianten:
14a. Durchführung: Gleiche Ausgangslage wie oben.Kopf wird schräg angehoben.
Belastungskomponenten: 3 mal 15 Wiederholungen
Wirkung: Kräftigung der seitlichen Nackenmuskulatur.

Merke: Langsam-dynamische Ausführung.

14b. Durchführung: Aus der Rückenlage wird der Kopf bis zur Waagrechten angehoben und dort 3 Sekunden gehalten.
Belastungskomponenten: 3 mal 15 Wiederholungen
Wirkung: Kräftigung der Nackenmuskulatur.

Merke: Durch Drehen des Kopfes können auch die seitlichen Anteile der Nackenmuskulatur beansprucht werden.

15. Körpervorderseite

Durchführung: Auf dem Schrägbrett zieht der linke Arm in Richtung rechte Fußspitze, so daß alle Muskeln der Diagonalen angespannt werden.
Belastungskomponenten: Je Diagonale 5 Anspannungen, die ca. 6 Sekunden dauern; 2–3 Serien.
Wirkung: Kräftigung v.a. der geraden und schrägen Bauchmuskulatur sowie der Hüftbeugemuskulatur; Koordination der Muskeln der Vorderseite.

Merke: Die Schultern werden leicht abgehoben, mittlere Spannung.

Varianten:
15a. Durchführung: Gleiche Ausgangslage wie oben; sowohl Schulter als auch gegenüberliegendes Bein werden abgehoben.
Belastungskomponenten: siehe oben
Wirkung: Verstärkte Kräftigung und Koordination der ventralen Kette.

Merke: Ein flacher gestelltes Brett verstärkt die Wirkung.

15b. Durchführung: Ausgangslage ist die Rückenlage am Boden; gleiche Ausführung wie oben.
Belastungskomponenten: Anspannung 6-8 Sekunden halten; je Diagonale 4-6 Wiederholungen in 3 Serien.
Wirkung: siehe oben

Merke: Bauchmuskelkräftigung erfolgt bei Hüftstreckung, was eher sportartspezifischen Bewegunsgmustern entspricht; Ergänzung zu Übungskomplex 6.

16. Hüftstrecker

Durchführung: Aus dem Vierfüßlerstand mit Abstützen des Rumpfes erfolgt die abwechselnde Streckung des rechten und linken Beines.
Belastungskomponenten: 6-8 Streckungen je Bein; 3-4 Serien.
Wirkung: Kräftigung der Hüftstreckmuskulatur (M. glutaeus maximus).

Merke: Die Übung ist auch ohne Abstützen des Rumpfes möglich. Vermieden werden muß eine Hyperlordosierung („Hohlkreuz") der Lendenwirbelsäule.

Varianten:
16a. Durchführung: Aus der gleichen Ausgangslage wird ein Bein gebeugt nach oben geführt. Fußsohle geht in Richtung Decke.
Belastungskomponenten: Je Bein 10-15 Wiederholungen.
Wirkung: Kräftigung der Hüftstrecker.

Merke: Bewegung nicht ruckartig durchführen.

16b. Durchführung: Aus der Bauchlage werden beide Füße gleichzeitig Richtung Decke geführt.
Belastungskomponenten: 6-10 Wiederholungen, 3-4 Serien.

Merke: Ischiocurale Muskelgruppe wird mitgekräftigt.

7 Dehnübungen

1. Oberschenkelrückseite (ischiocrurale Muskelgruppe)

a) Ausführung: Aus der leichten Kniebeugung (Vordehnung) wird durch das Strecken des Kniegelenks die Dehnung verstärkt. Der rhythmische Wechsel von Beugung und Streckung im Knie vergrößert die Dehnfähigkeit. Die Bewegung wird ca. 15mal wiederholt, mindestens 2–3 Serien pro Bein.
Dehnungsart: Aktiv-dynamisches Dehnen.

Merke: Standbein bleibt durchgedrückt. Die Fußspitze des Standbeins zeigt zur Auflage. Bauchmuskeln anspannen, damit die Hüfte fixiert bleibt.

b) Ausführung: Aus dem zur Brust angezogenen Knie wird die Ferse allmählich in Richtung Decke geschoben. Hände fixieren das Bein in der Dehnstellung.
Dehnungsart: Aktiv-statisches Dehnen.

Merke: Das gedehnte Bein muß nicht vollständig gestreckt werden, das andere Bein bleibt gestreckt am Boden.

c) Ausführung: Aus der Rumpfbeuge mit gekreuzten Beinen wird der Oberkörper mit geradem Rücken nach vorne gesenkt.
Dehnungsart: Passiv-statisches Dehnen.

Merke: Dehnung erfolgt nur im hinteren Bein.

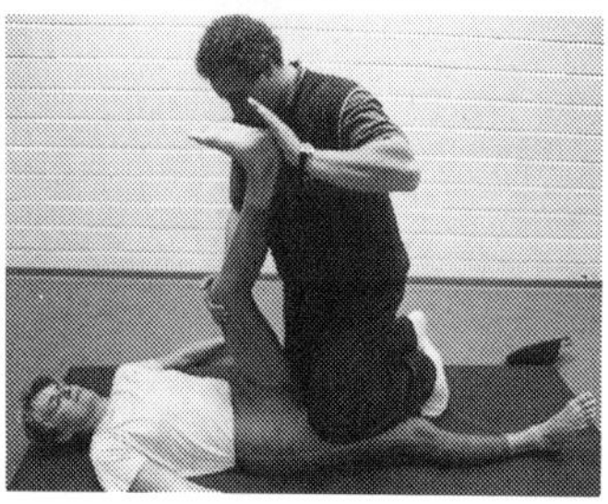

d) Ausführung: Aus der Rückenlage drückt das obere Bein mit der Ferse gegen die Hand des Partners (isometrische Anspannung). Nach einer kurzen Entspannung erfolgt die Dehnung in Gegenrichtung mit Unterstützung des Partners. Zyklus 3–4mal wiederholen.
Dehnungsart: Anspannungs-Entspannungs-Dehnen (CHRS-Methode).
Merke: Das am Boden liegende Bein muß fixiert werden.

2. Oberschenkelvorderseite (Quadrizeps, v.a. rectus femoris)

a) Ausführung: Aus der Seitenlage mit fixierter Hüfte (unteres Bein anwinkeln) wird das untere Bein durch rhythmisch-federnde Bewegungen nach hinten gezogen. Das Bewegungsausmaß des Vor-und Rückfederns beträgt nur wenige Zentimeter.15-20 Wiederholungen je Bein in 2-4 Serien.
Dehnungsart: Passiv-dynamisches Dehnen.

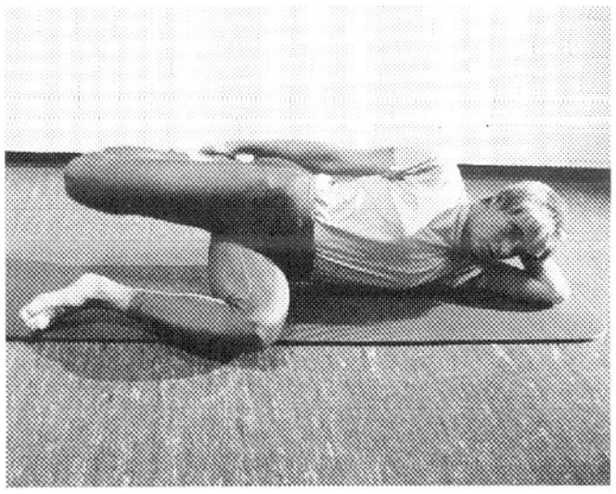

Merke: Das zu dehnende Bein wird am Sprunggelenk, nicht an der Fußspitze angefaßt.

b) Ausführung: Aus der gezeigten Ausgangslage (siehe Foto) zieht der Unterschenkel gegen den Widerstand der Hand nach unten (isometrische Anspannung). Zum Dehnen wird die Ferse zum Gesäß gezogen.
Dehnungsart: Anspannungs-Entspannungs-Dehnen (CHRS).

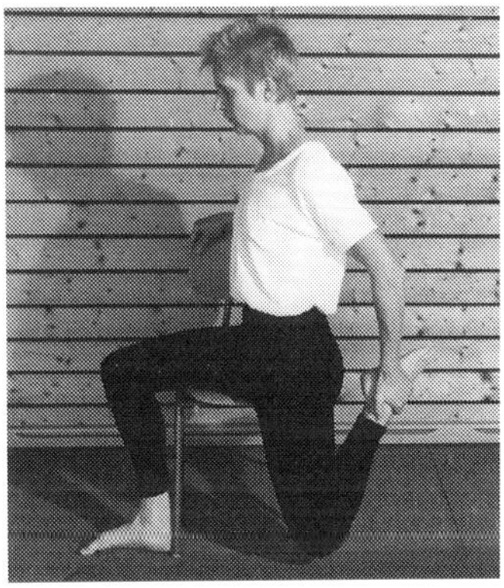

Merke: Knie weich lagern.Hüfte immer in Überstreckung halten. Das Sitzen auf dem Stuhl stabilisiert die Körperhaltung.

c) Ausführung: Aus dem Stand wird bei fixierter Hüfte (Bauch anspannen!) die Ferse zu Gesäß gezogen.
Dehnungsart: Passiv-statisches Dehnen.

Merke: Das Knie des gedehnten Beines darf nicht zur Seite ausweichen,die Hüfte nicht nach vorn abknicken. Wirbelsäulen- und Beckenbeugung müssen auf jeden Fall vermieden werden.

3. Oberschenkelinnenseite (Adduktoren)

a) Ausführung: Das auf die Sprosse aufgelegte Bein drückt nach unten (isometrische Anspannung). Nach 2-3 Sekunden Entspannung wird das Knie des Standbeines gebeugt, um die Dehnung zu verstärken. Der ganze Zyklus wird 3-4mal wiederholt.
Dehnungsart: Anspannungs-Entspannungs-Dehnen (CHRS).

Merke: Der 2. Zyklus beginnt aus der Enddehnung des 1.Zyklus.

b) Ausführung: Aus dem Seitgrätschstand wird ein Knie gebeugt nach vorn geschoben und dabei rhythmisch nachgefedert.
Dehnungsart: Passiv-dynamisches Dehnen

Merke: Beide Hände auf Oberschenkel oder Hüfte abstützen.

c) Ausführung: Aus der Rückenlage läßt man die gestreckten Beine langsam nach unten gleiten, wobei das Gesäß nahe an der Wand ist.
Dehnungsart: Passiv-statisches Dehnen.

Merke: Die Dehnung kann durch Zug der Hände an den Knien Richtung Boden verstärkt werden.

4. Wadenmuskulatur (M. gastrocnemius und M. soleus)

a) Ausführung: Aus der Schrittstellung wird die Hüfte nach vorn geschoben, wobei die Ferse am Boden bleibt und das Knie durchgedrückt ist. Dann wird die Fußspitze leicht angehoben.
Dehnungsart: Passiv-statisches Dehnen mit Antagonisteneinsatz.

Merke: Gedehnt wird die lange Wadenmuskulatur (M. gastrocnemius). Durch die Kontraktion des Antagonisten (Schienbeinmuskel = M. tibialis anterior) entspannt die Wade leichter.

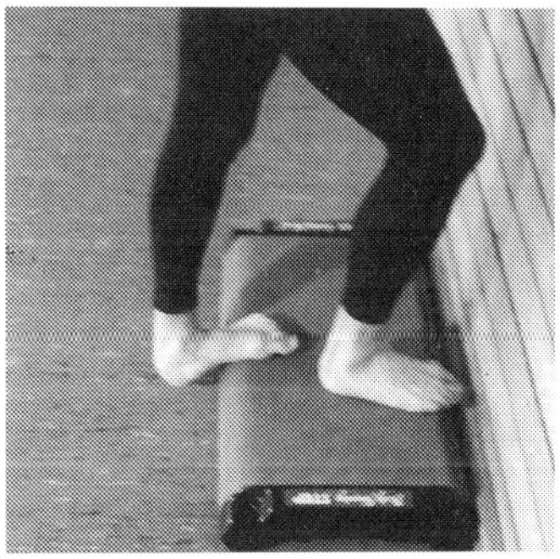

b) Ausführung: Die Ferse des zu dehnenden Beines wird nach unten gedrückt, das Knie bleibt gestreckt.
Dehnungsart: Passiv-statisches Dehnen.

Merke: Statt Sprossenwand ist auch ein Treppenabsatz oder ein Kleinkasten einsetzbar.

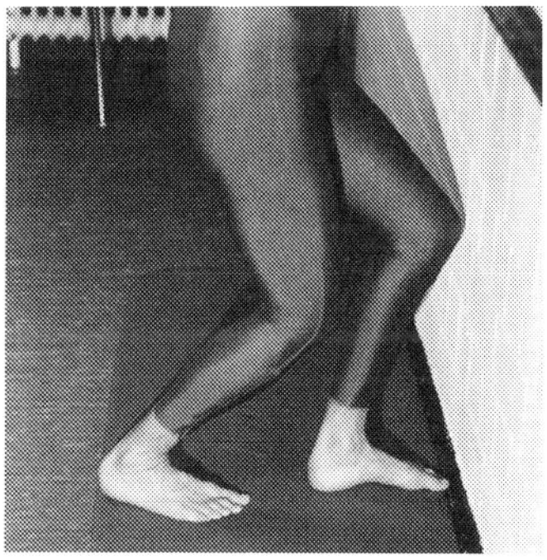

c) Ausführung: Aus der Schrittstellung wird das Knie des hinteren Beines gebeugt und mit federnden Bewegungen das Knie nach unten gedrückt.
Dehnungsart: Passiv-dynamisches Dehnen.

Merke: Gedehnt wird die kurze Wadenmuskulatur (M. soleus), die vor allem nach Laufübungen stark belastet ist.

5. Hüftbeugemuskulatur (M.illiopsoas, M. rectus femoris)

a) **Ausführung:** Aus dem Ausfallschritt wird bei gestreckter rechter Hüfte der rechte Arm zum linken Knie gezogen.
Dehnungsart: Passiv-statisches Dehnen.

Merke: Rücken gerade halten.Gedehnt wird der Lenden-Darmbeinmuskel (M. illiopsoas).

b) **Ausführung:** Aus dem Ausfallschritt wird bei gestreckter Hüfte der Unterschenkel zum Gesäß geführt.
Dehnungsart: Passiv-statisches Dehnen.

Merke: Gedehnt wird der gerade Oberschenkelmuskel (M. rectus femoris).

6. Rückenstreckmuskulatur

Ausführung: Aus der Rückenlage mit angezogenen Beinen wird der Kopf nach oben geschoben („Nesthaltung").
Dehnungsart: Passiv-statisches Dehnen.

Merke: Die Lendenwirbelsäule bleibt am Boden.

7. Brustmuskulatur (M. pectoralis major)

a) Ausführung: In der Armhochhalte werden beide Ellbogen von einem Helfer durch rhythmisch-federnde Bewegungen nach hinten geführt. 15–20 Wiederholungen in 2–3 Serien.
Dehnungsart: Passiv-dynamisches Dehnen.

Merke: Der Rücken wird durch seitliches Aufstellen des Standbeines des Helfers stabilisiert.

b) Ausführung: Der Übende versucht durch rhythmische Kontraktionen der Schulterblattmuskulatur seine Arme nach hinten zu ziehen.
Dehnungsart: Aktiv-dynamisches Dehnen.

Merke: Zusätzliche Kräftigung der schulterstabilisierenden Muskulatur (z. B. M. rhomboideus).

8. Trapezmuskel (oberer Anteil)

a) Ausführung: Aus der Ausgangsstellung (siehe Foto) drückt der Kopf gegen den Widerstand der Hand (isometrische Anspannung). Nach einer kurzen Entspannung wird der Kopf in die andere Richtung gezogen.
Dehnungsart: Anspannungs-Entspannungs-Dehnen (CHRS-Methode).

Merke: Jeder Zyklus wird 3–4mal wiederholt.

9. Handgelenksbeuger

a) Ausführung: Das Handgelenk wird bei durchgedrücktem Ellbogen überstreckt.
Dehnungsart: Passiv-statisches Dehnen.

b) Ausführung: Aus der Bankstellung, Fingerspitzen zeigen zum Knie,werden die Schultern leicht zurück-und vorgeschoben. 12-15 rhythmisch-federnde Bewegungen, 3 Serien.
Dehnungsart: Passiv-dynamisches Dehnen.

10. Unterer Rücken

a) Ausführung: Auf einem Stuhl sitzend wird der Kopf zwischen die Knie gelegt, so daß ein Rundrücken entsteht. Die Arme verstärken die Dehnung, indem sie unter den Oberschenkeln geschlossen werden.
Dehnungsart: Passiv-statisches Dehnen (Stretching).

Merke: Eine Dehnung kommt nur zustande, wenn der Rücken rund ist. Bei geradem Rücken ist kein Dehnreiz vorhanden.

b) Ausführung: Aus dem Stand erfolgt die gleiche Übungsausführung wie bei 10a).
Dehnungsart: Passiv-statisches Dehnen (Stretching).

Merke: Gleiche Übung ist auch in Rückenlage möglich.

c) Ausführung: Aus der Bankstellung wird der Rücken abwechselnd überstreckt (1) und gebeugt („Katzenbuckel") (2).
Bewegung: Der Wechsel erfolgt langsam („Wirbel für Wirbel"). Der Kopf steuert die Bewegung.

Merke: Die Übung mobilisiert die Wirbelsäule und hält sie beweglich.

11. Abduktoren (Hüftaußenseite)

a) Ausführung: Aus dem Sitz wird ein Bein quer über den anderen Oberschenkel gelegt. Die Dehnung wird durch Vorschieben der Schulter verstärkt.
Dehnungsart: Passiv-statisches Dehnen (Stretching).

Merke: Rücken gerade halten.

b) Ausführung: Aus der halben Hocke mit Abstützen an der Wand wird ein Bein quer über den anderen Oberschenkel gelegt und der Oberkörper nach vorne abgesenkt.
Dehnungsart: Passiv-statisches Dehnen (Stretching).

Merke: Die Hände können an der Wand beim Abstützen helfen.

c) Ausführung: Aus der gezeigten Ausgangslage wird Druck auf das Knie und das Sprunggelenk von außen ausgeübt, bis an der Hüftaußenseite ein Dehnreiz spürbar ist.
Dehnungsart: Passiv-statisches Dehnen (Stretching).

Merke: Das gedehnte Bein wird in der Ausgangslage in eine Außenrotationsstellung gebracht.

8 Propriozeptives Training

Die Stabilität eines Gelenkes hängt nicht nur von der Haltefähigkeit der Bänder und der Grundkraft der gelenkstabilisierenden Muskulatur ab (sogenannte „Zugurtungsfunktion"), vielmehr ist der optimale zeitliche Einsatz dieser Muskeln zur Reduzierung der Gelenkbelastung entscheidend. Erfolgt die Kontraktion bei einer Belastung zu spät, wirken auf das Gelenk häufig Scherkräfte, die den Knorpel, den Kapsel-Bandapparat oder die Bandscheiben übermäßig belasten. Eine differenzierte Steuerung der muskulären Aktivitäten erfolgt dabei über die sogenannten Propriozeptoren, d. h. über Mechanorezeptoren in den Muskeln, Sehnen, Gelenken oder in der Haut, die „die Wahrnehmung und Kontrolle der aktuellen Lage des Körpers im Raum ermöglichen" (Pschyrembel 1994, S. 378). Nach Verletzungen sind diese „Lagemelder" häufig geschädigt, so daß weniger Informationen über Gelenkstellung und Muskelspannung an das ZNS gelangen. Auch Bewegungsarmut oder Ruhigstellung führen zu einer Verringerung des propriozeptiven Informationsflusses. Nach Verletzungen werden die Propriozeptoren häufig mit Hilfe von Gelenkbandagen oder Gummistrümpfen stimuliert. Deren mechanische Stabilisationsfähigkeit ist gering einzuschätzen; eine Kniegelenksbandage ist z. B. viel zu labil, um das Gelenk wirklich halten zu können. Durch den Druck der Bandage werden aber die Propriozeptoren so gereizt, daß die gelenkstabilisierende Muskulatur angeregt wird, das Gelenk aktiv zu sichern. Die Schulung dieser auch Tiefensensibilität genannten Fähigkeit, verbunden mit einer guten Bewegungsqualität einfacher Bewegungen (Verbesserung der intermuskulären Koordination) stellt die Vorstufe für ein muskuläres Aufbautraining dar.

5 Entwicklung vielfältiger und situations(un)abhängiger Kraftqualitäten

⇧

4 Steigerung der neuromuskulären Kraftqualitäten

⇧

3 Vergrößerung des Muskelquerschnitts (Muskelaufbautraining)

⇧

2 lokales Muskelausdauertraining (= Vortraining Stufe 2)

⇧

1 Aktivierung, Bahnung (intermuskuläre Koordination), Propriozeption (= Vortraining Stufe 1)

Abb. 54.: Rehabilitationsstufen zum muskulären Krafttraining (nach Froböse 1992)

Die Bedeutung des Fußes für die Propriozeption

Eine entscheidende Rolle bei der Verbesserung des propriozeptiven Informationsflusses spielen die Impulse der Mechanorezeptoren der Fußsohle. Sie stabilisieren die Beinachse entscheidend und wirken auf die Haltungsregulierung des Rumpfes ein. Fußfehlformen und Fußschwächen lösen eine Kettenreaktion von funktionellen Veränderungen in den weiterlaufenden Gelenken aus. So bewirkt ein Absinken des mittleren Längsgewölbes eine Rotation des Unterschenkels nach innen. Die Knie kippen ebenfalls nach innen (X-Bein-Stellung), während das Becken nach vorne absinkt. Dadurch verstärkt sich die Lordose in der Lendenwirbelsäule, so daß unterschiedlichste Beschwerden innerhalb der Gesamtkörperstatik auftreten können. Durch haltungsverbessernde Übungen, die gezielt am Fuß ansetzen, kann die neuromuskuläre Reaktionsbereitschaft wiederhergestellt oder präventiv verbessert werden. Beispiele für solche gleichgewichtsschulenden Übungen auf instabilen Unterlagen finden Sie im praktischen Teil.

Methodische Gesichtspunkte:

1. Es gilt das Prinzip „vom Leichten zum Schweren“.
2. Alle Übungen sollten ohne Erschwerung erarbeitet werden, d. h. auf „normalen“ Unterlagen wie Matten oder auf Gras.
3. Nach Beherrschung der Übungen werden verschiedenste Arten von Therapiekreiseln eingesetzt.
4. Zusätzliche Erschwerung erfolgt durch Zusatzgeräte wie Bälle, Therabänder oder Seilzüge.

Merke:
- Während propriozeptiver Übungen muß eine sichere Haltungsstabilisierung gewährleistet sein.
- Starke Ausweich- und Korrekturmanöver sind Kriterien für den Abbruch der Übung.

1. Übungen auf dem Therapiekreisel

Bild 1: Einbeinstand mit Unterstützung auf einem Ball.
Ziel: Schulung der Gleichgewichtsfähigkeit.

Bild 2: Einbeinstand mit Schwungbeineinsatz seitlich.
Ziel: Schulung der Beinachsenstabilität.

Bild 3: Einbeinstand mit Nachziehbeinschulung.
Ziel: Beinachsenstabilisierung plus sportartspezifische Bewegungsmuster (hier: Hürdenlauf).

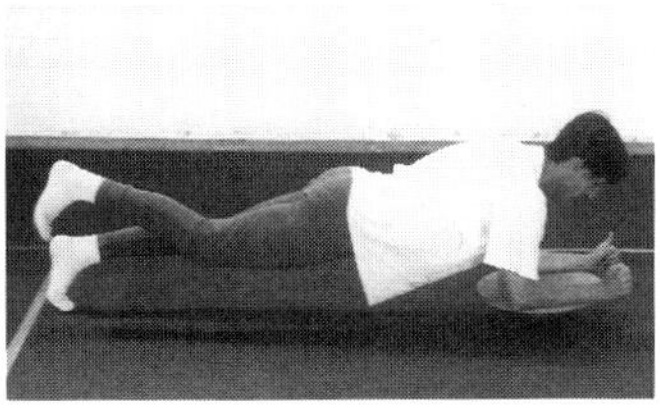

Bild 4: Unterarmliegestütz.
Ziel: Schulung der Rumpfstabilität unter erschwerten Bedungungen, Verbesserung der intermuskulären Koordination.

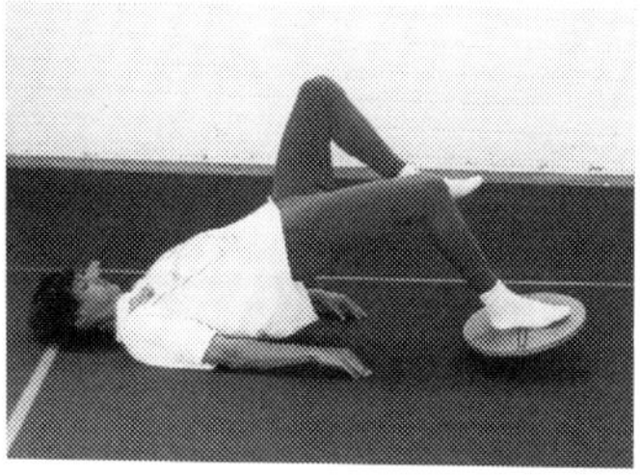

Bild 5: „Brücke rückwärts".
Ziel: Kräftigung der Oberschenkelrückseite und Hüftstrekker.

2. Übungen auf der Weichbodenmatte

Bild 6: Ausfallschrittgehen.
Ziel: Kräftigung und Stabilität der Beinstreckerkette.

Bild 7: Kniebeuge auf beweglicher Unterlage.
Ziel: Kräftigung und Stabilisation der Kniestrecker.

Bild 8: Ganzkörperstreckung.
Ziel: Schulung der Beinachsenstabilität in sportartspezifischen Bewegungsmustern.

Merke:
Übungen auf der Weichbodenmatte werden im Zeitlupentempo ausgeführt.

Literatur

ANDERSON, B.: Stretching. Waldeck-Dehringshausen 1982.

BADTKE, G. u. a.: Sportmedizinische Grundlagen der Körpererziehung und des sportlichen Trainings. Heidelberg, Leipzig 1995[3].

BAUERSFELD, K.-H./SCHRÖTER, G.: Grundlagen der Leichtathletik. Berlin (DDR) 1979.

BÖNING, D.: Aktuelles zum Muskelkater. In: Sportorthopädie - Sporttraumatologie 3/95, S. 167-170.

BÜHRLE, M. (HG.): Grundlagen des Maximal- und Schnellkrafttrainings. Schorndorf 1985.

DE MAREES, H.: Sportphysiologie. Köln [8]1996.

EHLENZ,H./GROSSER,M./ZIMMERMANN,E.: Krafttraining. München-Wien-Zürich 1985.

FREIWALD, J.: Aufwärmen im Sport, Reinbek 1991.

FREIWALD, J.: Zur Einschränkung der Beweglichkeit, deren Ursachen und möglicher Interventionen. In: HOSTER, M./NEPPER, H.-U.: Dehnen und Mobilisieren. Waldenburg 1994.

FREIWALD, J.: Prävention und Rehabilitation im Sport. Reinbek 1989.

FRIDEN, J. u. a.: Myofibrilar damage following intense eccentric exercis in man. International Journal of Sports medicine (4) 1983, S. 170.

FROBÖSE, I.: Apparatives Muskeltraining im Rahmen der Trainingstherapie. In: Krankengymnastik 44 (1992), S. 738.

GEISS, K.-R./HAMM M.: Handbuch Sportlerernährung. Reinbek 1992.

GOLLHOFER, A./ULLRICH, K.: Physiologische Aspekte und Effektivität unterschiedlicher Dehnmethoden., In: KG-Intern 4/95, S. 23-30.

GRIFKA, J.: Die Knieschule. Reinbek 1992.

GROSSER, M. u. a.: Die sportliche Bewegung. München 1987.

GROSSER, M./MÜLLER, H.: Power stretch. Das neue Muskeltraining. München 1990.

GUTSCHE, K.-J./MEDAU H. J. (Hrsg.): Gymnastik. Ein Beitrag zur Bewegungskultur unserer Gesellschaft. Schorndorf 1989.

HARRE, D.: Trainingslehre. Berlin (DDR) 1986.

HECK, H.: Energiestoffwechsel und medizinische Leistungsdiagnostik. Studienbrief 8 der Trainerakademie Köln, o.J.

HENNIG, E./PODZIELNY,S.: Die Auswirkungen von Dehn- und Aufwärmübungen auf die Vertikalsprungleistung. In: Deutsche Zeitschrift für Sportmedizin 6/94, S. 253-260.

HETTINGER, T.: Isometrisches Krafttraining. Stuttgart 1983.

HOLLMANN, W./HETTINGER, T.: Sportmedizin, Arbeits- und Trainingsgrundlagen. Stuttgart-New York 1980.

HOPPELER, H.: Der Muskelkater-Schaden an der Skelettmuskulatur. In: Leistungssport 3/91, S. 5.

HOSTER, M.: Zur Bedeutung verschiedener Dehnungsarten bzw. Dehnungstechniken in der Sportpraxis. In: Lehre der Leichtathletik 26 (31), S. 1523-1526.

JANDA, V.: Muskelfunktionsdiagnostik. Leuven 1981.
JANDA, V.: Manuelle Muskelfunktionsdiagnostik. 3. Aufl., Berlin 1994.
JOHNSON, M.A. u. a.: Data on the Distribution of Fibre Types in Thirty-six Human Muscels. In: Journal of the neurological Sciences 18 (1973), S. 111-119.
KLEE, A.: Muskuläre Balance - Die Überprüfung einer Theorie. In: Sportunterricht 1/95, S. 12.
KNEBEL, H.-P.: Funktionsgymnastik. Reinbek 1985.
KNEBEL/HERBECK/SCHAFFNER: Tennis Funktionsgymnastik. Reinbek 1988.
KOMI, P.V.(Hrsg.): Kraft und Schnellkraft im Sport. Deutscher Ärzte-Verlag 1994.
KUNZ, H.-R. u. a.: Krafttraining. Stuttgart-New York 1990.
LAGERSTROEM, D. u. a.: Fit durch gezielte Gymnastik. Erlangen 1985.
LETZELTER, M.: Trainingsgrundlagen. Reinbek 1987.
LEWIT, K.: Manuelle Medizin im Rahmen der medizinischen Rehabilitation. Leipzig 1983.
MARTIN, D.: Handbuch Trainingslehre. Schorndorf 1991.
MARTIN, D.: Training im Kindes- und Jugendalter, Studienbrief Nr. 23 der Trainerakademie Köln des DSB. Schorndorf 1988.
MARKWORTH, P.: Sportmedizin 1. Physiologische Grundlagen. Reinbek 1984.
MATWEJEW, L.P.: Grundlagen des sportlichen Trainings. Berlin (DDR) 1981.
MÖRIKE/BETZ/MERGENTHALER: Biologie des Menschen. Wiesbaden 1991[13].
PREIBSCH, M./REICHARDT, H.: Schongymnastik. München 1989.
REICHARDT, H.: Grundlagen der Funktionellen Gymnastik, Möglichkeiten für den Schulsport. In: Sportunterricht 9/1990, S. 340.
RÖTHIG, P/GRÖSSING, S. (Hrsg.): Sportbiologie. Kursbuch für die Sporttheorie in der Schule, Band 1. Wiesbaden 1996[4].
RÖTHIG, P/GRÖSSING, S. (Hrsg.): Trainingslehre. Kursbuch für die Sporttheorie in der Schule, Band 2. Wiesbaden 1995[6].
SCHMIDT, H.: Orthopädische Grundlagen für sportliches Üben und Trainieren. Leipzig 1988.
SCHMIDTBLEICHER, D.: Strukturanalyse der motorischen Eigenschaft Kraft. In: Lehre der Leichtathletik 35 (30), S. 1785-1792.
SCHMIDTBLEICHER, D.:Klassifizierung der Trainingsmethoden im Krafttraining. In: Lehre der Leichtathletik 24 (1) und (2), S. 25-30.
SCHOBER, H. u. a.: Beitrag zum Einfluß verschiedener Dehnungsformen auf das muskuläre Entspannungsverhalten des m.quadriceps femoris. In: Med. Sport 30(1990), S. 88-91.
SÖLVEBORN, S.A.: Das Buch vom Stretching. München 1983.
SPRING, H. u. a.: Dehn- und Kräftigungsgymnastik. Stuttgart-New York 1992.
SPRING, H/PIRLET, A.: Morbus Bechterew. Stuttgart-New York 1995.
STEGEMANN, J.: Leistungsphysiologie. Stuttgart-New York 1991.
UHLMANN, K.: Lehrbuch der Anatomie des Bewegungsapparates. Eine Einführung in die funktionellen und topographischen Grundlagen für Krankengymnasten und Studenten der Medizin. Wiesbaden 1991[3].
WEINECK, J.: Optimales Training. Erlangen 1983.
WIEMANN, K.: Beeinflussung muskulärer Parameter durch unterschiedliche Dehnverfahren. In: HOSTER, M./NEPPER, H.-U.: Dehnen und Mobilisieren. Waldenburg 1994.
WIEMANN, K.: Muskeldehnung und Stretching. In: Zichner, L. u. a. (HG).: Die Muskulatur, sensibles, integratives und meßbares Organ. Wehr 1994.
WIEMANN, K./KAMPHÖFNER, M.: Verhindert statisches Dehnen das Auftreten von Muskelkater nach exzentrischem Training? In: Deutsche Zeitschrift für Sportmedizin 9/95, S. 411-418.

WIRHED, R.: Sport-Anatomie und Bewegungslehre. Stuttgart-New York 1988.
WYDRA, G.: Experimentelle Untersuchungen zur Effektivität verschiedener Dehntechniken. In: Hoster, M./Nepper, H.-U.: Dehnen und Mobilisieren. Waldenburg 1994.
ZINTL, F.: Ausdauertraining. München 1988.
ZINTL, F.: Biologische Grundlagen zum Training von Kraft-, Schnellkraft- und Schnelligkeitsleistungen in der Leichtathletik. In: Die Lehre der Leichtathletik Nr. 20/1989 (= Teil 1), und Nr. 21-22/1989 (= Teil 2).

Abbildungsverzeichnis

Abb. 1: Gutsche, K.-J./Medau H. J. (Hrsg.): Gymnastik. Ein Beitrag zur Bewegungskultur unserer Gesellschaft. Schorndorf 1989.

Abb. 2: Röthig, P/Grössing, S. (Hrsg.): Sportbiologie. Kursbuch für die Sporttheorie in der Schule, Band 1. Wiesbaden [4]1996, S. 156.

Abb. 3: De Marees, H.: Sportphysiologie. Köln [8]1996, S. 15.

Abb. 4: De Marees a.a.O., S. 12.

Abb. 5: De Marees a.a.O., S. 14.

Abb. 6 a–d: Uhlmann, K.: Lehrbuch der Anatomie des Bewegungsapparates. Eine Einführung in die funktionellen und topographischen Grundlagen für Krankengymnasten und Studenten der Medizin. Wiesbaden 1991[3], S. 177.

Abb. 7: Grosser, M. u. a.: Die sportliche Bewegung. München 1987, S. 98.

Abb. 8: Röthig, P/Grössing, S. (Hrsg.): Trainingslehre. Kursbuch für die Sporttheorie in der Schule, Band 2. Wiesbaden [6]1995, S. 87.

Abb. 9: Uhlmann a.a.O., S. 180.

Abb. 10: Markworth, P.: Sportmedizin 1. Physiologische Grundlagen. Reinbek 1984, S. 40.

Abb. 11: Markworth a.a.O., S. 33.

Abb. 12: Markworth a.a.O., S. 32.

Abb. 13: Markworth a.a.O., S. 35.

Abb. 14: Markworth a.a.O., S. 41.

Abb. 15: Markworth a.a.O., S. 44.

Abb. 16: Markworth a.a.O., S. 45.

Abb. 17: Markworth a.a.O., S. 46.

Abb. 18: De Marees a.a.O., S. 55.

Abb. 19: Röthig u. a. Sportbiologie, a.a.O., S. 14.

Abb. 20: Badtke, G. u. a.: Sportmedizinische Grundlagen der Körpererziehung und des sportlichen Trainings. Heidelberg, Leipzig 1995[3], S. 33.

Abb. 21: Röthig u. a. Sportbiologie, a.a.O., S. 19.

Abb. 22: Röthig u. a. Trainingslehre, a.a.O., S. 85.

Abb. 23: Ehlenz a.a.O., S. 39.

Abb. 24: De Marees a.a.O., S. 109.

Abb. 25: Graphik

Abb. 26: De Marees a.a.O., S. 110.

Abb. 27: Schmidt, H.: Orthopädische Grundlagen für sportliches Üben und Trainieren. Leipzig 1988, S. 62.

Abb. 28: Grosser a.a.O., S. 152.

Abb. 29: Grosser a.a.O., S. 150.

Abb. 30: Limpert Verlag

Abb. 31: Limpert Verlag

Abb. 32: Röthig u. a. Sportbiologie, a.a.O., S. 77.

Abb. 33: Badtke a.a.O., S. 313.

Abb. 34: Mörike/Betz/Mergenthaler: Biologie des Menschen. Wiesbaden [13]1991, S. 15–40.

Abb. 35: De Marees a.a.O., S. 72).

Abb. 36: De Marees a.a.O.,S. 64.

Abb. 37: Zintl, F.: Biologische Grundlagen zum Training von Kraft-, Schnellkraft- und Schnelligkeitsleistungen in der Leichtathletik. In: Die Lehre der Leichtathletik Nr. 20/1989, S. 593.

Abb. 38: Zintl, F.: Biologische Grundlagen zum Training von Kraft-, Schnellkraft- und Schnelligkeitsleistungen in der Leichtathletik. In: Die Lehre der Leichtathletik Nr. 21?22/1989, S. 622.

Abb. 39: Zintl a.a.O., S. 592.

Abb. 40: De Marees a.a.O.

Abb. 41: Zintl a.a.O., S. 621.

Abb. 42: Grosser a.a.O., S. 60.

Abb. 43: Ehlenz,H./Grosser,M./Zimmermann,E.: Krafttraining. München/Wien/Zürich 1985, S. 11.

Abb. 44: Limpert Verlag (nach Hettinger, T.: Isometrisches Krafttraining. Stuttgart 1983, S. 66).

Abb. 45: Friden, J. u. a.: Myofibrilar damage following intense eccentric exercis in man. International Journal of Sports medicine (4) 1983, S. 170.

Abb. 46: Limpert Verlag (nach Martin a.a.O., S. 214)

Abb. 47: Grosser a.a.O., S. 134.

Abb. 48: Röthig u. a. Trainingslehre, a.a.O., S. 86.

Abb. 49: De Marees a.a.O., S. 53.

Abb. 50: De Marees a.a.O., S. 55.

Abb. 51: Limpert Verlag

Abb. 52: Spring, H. u. a.: Dehn- und Kräftigungsgymnastik. Stuttgart/New York 1992.
S. 115.

Abb. 53: Grosser a.a.O., S. 151.

Sachregister

Zeitschriften aus dem Limpert Verlag

Rudersport

Amtliches Organ des Deutschen Ruderverbandes

Die Zeitschrift informiert über Boots- und Rudertechnik und behandelt aktuelle Fragen zu Training, Ernährung und Sportmedizin. Darüberhinaus wird aktuell über Regatten und Meisterschaften berichtet und auch der große Komplex des Wanderruderns wird ausführlich dargestellt.

Erscheinungsweise: 24 Ausgaben je Erscheinungsjahr
Jahresabonnement DM 123,30, Einzelheftpreis DM 5,00, Journale DM 7,70, jeweils zzgl. Versandkosten

---

SportPraxis

Die Zeitschrift für Sportlehrer und Übungsleiter. Mit der ständigen Beilage „Der Übungsleiter"

SportPraxis ist eine unabhängige Zeitschrift für Sportwissenschaft, Sportpraxis und Freizeitsport. Sie behandelt grundsätzliche und spezielle Themen aus der Sportwissenschaft, bietet praxisorientierte Programme für den Sportunterricht und gibt vielfältige Anregungen zum Training in Schule, Verein und Freizeit. SportPraxis berichtet über den aktuellen Stand der Sportmedizin und Ernährung und stellt neue Fachliteratur vor.

Erscheinungsweise: Zweimonatlich
Jahresabonnement DM 64,00, Einzelheftpreis DM 12,60, jeweils zzgl. Versandkosten

Jetzt abonnieren bei: ***Limpert Verlag GmbH***
Postfach 1004
56291 Wiebelsheim

Preisänderungen vorbehalten